## ***ACCESO GRATIS** a la Lectura en la Nube*

Para visualizar el libro electrónico en la nube de lectura envíe junto a su nombre y apellidos una fotografía del código de barras situado en la contraportada del libro y otra del ticket de compra a la dirección:

**ebooktirant@tirant.com**

En un máximo de 72 horas laborales le enviaremos el código de acceso con sus instrucciones.

# Víctimas colectivas en el marco del conflicto armado en Colombia

*Procedimiento de selección de originales, ver página web:*

*www.tirant.net/index.php/editorial/procedimiento-de-seleccion-de-originales*

William Javier Salazar Medina
Ricardo Hernán Medina Rico

# Víctimas colectivas en el marco del conflicto armado en Colombia

**tirant humanidades**
Bogotá, 2024

En caso de erratas y actualizaciones, la Editorial Tirant lo Blanch publicará la pertinente corrección en la página web www.tirant.com

Salazar Medina, William Javier, autor

Víctimas colectivas en el marco del conflicto armado en Colombia / William Javier Salazar Medina y Ricardo Hernán Medina Rico. – Primera edición. – Bogotá : Tirant lo Blanch, 2024.

121 páginas : mapas.

Incluye referencias bibliográficas.

ISBN: 978-84-1183-557-2

1. Conflicto armando – Colombia. 2. Justicia Transicional. 3. Víctimas de guerra – Situación legal. Medina Rico, Ricardo Hernán, autor. II. Rodríguez, Gloria Amparo, Escritora de prólogo. III. Título.

LC: KHH5935

CDD: 305.90695 ed. 23

Catalogación en publicación de la Biblioteca Carlos Gaviria Díaz


EDITA: TIRANT LO BLANCH
Calle 11 # 2-16 (Bogotá D.C.)
Telf.: 4660171
Email: tlb@tirant.com
www.tirant.com
Librería virtual: www.tirant.com/co/
ISBN: 978-84-1183-557-2

Si tiene alguna queja o sugerencia, envíenos un mail a: *atencioncliente@tirant.com*. En caso de no ser atendida su sugerencia, por favor, lea en *www.tirant.net/index.php/empresa/politicas-de-empresa* nuestro Procedimiento de quejas.

Responsabilidad Social Corporativa:
*http://www.tirant.net/Docs/RSCTirant.pdf*

# Índice

# Autores

*William Javier Salazar Medina*

Abogado de la Universidad Surcolombiana, especialista en Derecho Probatorio de la Universidad Católica de Colombia y en Derecho Administrativo y Procedimiento Administrativo de la Universidad Antonio Nariño. Magíster en Derecho Penal de la Universidad Libre de Colombia y en Derecho Constitucional de la Universidad de Valencia España. Doctorando en Derecho de la Universidad Carlos III de Madrid España.

Ha sido profesor de pregrado y posgrado en diferentes universidades y conferencista invitado, director de consultorio jurídico, director de investigación y decano en algunas instituciones universitarias. Se ha desempeñado en la Jurisdicción Ordinaria ocupando los cargos de juez, profesional especializado grado 33 y magistrado auxiliar de la Sala de Casación Penal de la Corte Suprema de Justicia. De igual forma, ha hecho parte de la Jurisdicción Especial para la Paz en grado de asesor.

Autor de diferentes textos jurídicos en revistas indexadas nacional e internacionalmente, así mismo, ha escrito capítulos de libro y libros entre los que se destacan: *Derechos Fundamentales y Mecanismos de Protección, Derecho Procesal Constitucional, De las Acciones: Apuntes de Clases, Marco Normativo de la Jurisdicción Especial para la Paz, Códigos Penales Iberoamericanos Tomo I* y *Manual de Responsabilidad del Servidor Público*.

Correo electrónico: williamsalazar21@hotmail.com

### *Ricardo Hernán Medina Rico*

Abogado de la Universidad del Rosario, especialista en Derecho Penal y en Derecho Administrativo de la misma universidad y en Derecho Penal de la Universidad de Salamanca (España). Magíster en Justicia Criminal de la Universidad Carlos III de Madrid (España) y magíster en Educación del TEC de Monterrey (México). Ha adelantado estudios de Doctorado en Estado de Derecho y Gobernanza Global en la Universidad de Salamanca (España). Profesor de pregrado y posgrado en diferentes universidades y conferencista nacional e internacional.

Se ha desempeñado como abogado litigante, asesor y consultor en derecho penal, disciplinario, responsabilidad fiscal, derecho constitucional, derechos humanos, justicia transicional y derecho administrativo. Ha sido tutor del equipo de técnicas de juicio oral de la Universidad del Rosario, joven investigador en derecho penal y secretario académico en la misma institución. Autor, coordinador y editor de artículos académicos, capítulos de libro y libros entre los que se destacan: *Prueba Ilícita y Regla de Exclusión en Materia Penal, Manual de Oralidad y Técnicas de Litigación, Marco Normativo de la Jurisdicción Especial para la Paz, Códigos Penales Iberoamericanos Tomo I, Manual de Responsabilidad del Servidor Público, 30 años del Proceso Constituyente y la Constitución de 1991* y *Guía de Intervención del Ministerio Público en Asuntos Penales.*

Ha sido presidente y vicepresidente del Colegio de Abogados Rosaristas, socio de la Fundación Internacional de Ciencias Penales y miembro de la Sociedad Internacional Germano Latinoamericana de Ciencias Penales (SIGLA). Hizo parte de la Jurisdicción Especial para la Paz y de la Personería de Bogotá en donde ha sido personero delegado para la Defensa y Protección de los Derechos Humanos, personero delegado para la coordinación del Ministerio Público y los Derechos Humanos, personero delegado para la coordinación de Potestad Disciplinaria y Personero Auxiliar (E). Actualmente, se desempeña como *Research Officer* en la Universidad de Toronto (Canadá).

# Prólogo

Durante varias décadas Colombia ha tenido que enfrentar un conflicto armado interno que ha dejado múltiples consecuencias humanitarias, culturales, sociales, ambientales, entre otras. En efecto, de acuerdo con el Registro Único de Víctimas (2022) actualmente hay reconocidas más de nueve millones de víctimas individuales y colectivas.

En ese contexto, el Estado colombiano y las extintas Fuerzas Armadas Revolucionarias de Colombia-Ejército del Pueblo (en adelante FARC-EP), celebraron en 2016 el Acuerdo Final para la Terminación del Conflicto y la Construcción de una Paz Estable y Duradera, cuyo objetivo principal era poner fin a este flagelo de más de 60 años y así, lograr la paz en el marco de un nuevo paradigma de desarrollo y bienestar territorial, que tenga a las víctimas como eje central.

En especial se busca que la terminación de la confrontación armada detenga el sufrimiento que ha generado a lo largo de tantos años, principalmente, a los millones de víctimas individuales de los hechos de desplazamiento forzado, de cientos de miles de homicidios, de las decenas de miles de desapariciones del amplio número de poblaciones que se han visto afectadas, así como también de las víctimas colectivas, entre las cuales se destacan las comunidades campesinas, indígenas, afrocolombianas, palenqueras, raizales y rom, como también a las mujeres, niños, niñas, adolescentes, partidos políticos, movimientos sociales y sindicales.

El mencionado Acuerdo de Paz de 2016, contempla que el resarcimiento de las víctimas debe estar en el eje central en su implementación. Por ello, se crea el Sistema Integral de Verdad, Justicia, Reparación y No Repetición que tiene como propósito contribuir a la lucha contra la impunidad, a través de la combinación de mecanismos judiciales que permitan la investigación y sanción de las graves violaciones a los derechos humanos e infracciones del Derecho Internacional Humanitario, con mecanismos extrajudiciales complementarios para el esclarecimiento de la verdad, la búsqueda de los desaparecidos y la reparación de los daños causados a personas, colectivos y a territorios enteros.

Para cumplir lo anterior, el Sistema Integral se encuentra conformado por la Comisión para el Esclarecimiento de la Verdad, la Convivencia y la No Repetición; la Unidad de Búsqueda de Personas dadas por Desaparecidas en el contexto y debido al conflicto armado; la Jurisdicción Especial para la Paz; las Medidas de reparación integral para la construcción de la paz y; las Garantías de No Repetición.

La creación del mencionado Sistema Integral se encuentra en el punto 5 del acuerdo, el cual contiene una serie de principios que pretenden guiar su implementación y, entre los cuales se destaca la necesidad de reconocer a todas las víctimas del conflicto, no solo en su condición de víctimas, sino también y, principalmente, en su condición de ciudadanos con derechos. Asimismo, se indica que los derechos de las víctimas del conflicto no son negociables y las medidas que se adopten para la satisfacción de sus derechos requieren de la garantía de su participación, como una parte fundamental para la construcción de la paz.

En el mismo punto 5 del Acuerdo de Paz se establece la creación de la Jurisdicción Especial para la Paz, como un mecanismo de justicia transicional, que tiene como objetivo investigar, esclarecer, juzgar y sancionar los crímenes más graves ocurridos en Colombia durante más de 50 años de conflicto armado hasta el 1 de diciembre de 2016. Igualmente, se consagra que la existencia de esta jurisdicción responde a la necesidad de satisfacer los derechos de las víctimas a la justicia, a la verdad y a la reparación, para así contribuir en la construcción de una paz estable y duradera.

De esta manera, la justicia transicional tiene un gran compromiso en la tarea de administrar justicia garantizando los derechos de las víctimas. Por ello, la Jurisdicción Especial para la Paz debe, entre otras cosas, incorporar en sus actuaciones el enfoque étnico-racial, que busca hacer efectivos los derechos de las víctimas, intervinientes y comparecientes de los pueblos indígenas, Rom (o Gitano), negros, afrocolombianos, raizal y palenquero en el componente de justicia que contribuya a eliminar la desigualdad y discriminación estructural e histórica de las instituciones del Estado en contra de los pueblos étnicos. En atención a esta disposición, dentro de los 10 casos abiertos por este Tribunal[1] se reportó, por ejemplo, que, hasta el 14 de diciembre de 2022 se han acreditado dentro de los diez macrocasos a 6 122 víctimas individuales y a 274 sujetos colectivos en calidad de víctimas, de estas últimas se estima que cerca de 328 252 individuos conforman el sujeto colectivo acreditado y que hacen parte —principalmente— de pueblos indígenas, comunidades negras y campesinas.

Lo anterior representa un reto en torno al respeto y la garantía de los derechos de las víctimas colectivas y, es precisamente, este tema el que se trata en este libro que en su interesante contenido aborda la conceptualización de las víctimas colectivas, así como su situación actual en Colombia, los retos que deben afrontar y los desafíos que surgen en los escenarios transicionales. Igualmente, esta obra expone los parámetros

1. Caso 1: Toma de rehenes, graves privaciones de la libertad y otros crímenes concurrentes cometidos por las FARC-EP ; caso 2: Situación territorial de los municipios Ricaurte, Tumaco y Barbacoas en el departamento de Nariño; caso 3: Asesinatos y desapariciones forzadas presentados como bajas en combate por agentes del Estado; caso 4: Situación territorial en la región de Urabá; caso 5: Situación territorial Norte del Cauca y sur del Valle del Cauca; caso 6: Victimización de miembros de la Unión Patriótica (UP); caso 7: Reclutamiento de niños y niñas en el conflicto armado; caso 8: Crímenes cometidos por miembros de la fuerza públicos, otros agentes del Estado, o en asociación con grupos paramilitares, o terceros civiles, por causa, con ocasión, o en relación directa o indirecta con el conflicto armado colombiano; caso 9: Crímenes no amnistiables cometidos contra Pueblos y Territorios Étnicos por causa, con ocasión, o en relación directa o indirecta con el conflicto armado colombiano y; caso 10: Crímenes no amnistiables cometidos por miembros de las extintas FARC-EP por causa, con ocasión, o en relación directa o indirecta con el conflicto armado colombiano.

constitucionales que se han establecido para el amparo y la custodia de los derechos fundamentales de este grupo poblacional. Esto en aras de contribuir en la comprensión de la figura de víctimas colectivas, de sus derechos y del marco constitucional previsto para su amparo y custodia y, con ello, ofrecer elementos para avanzar hacía el fin común de lograr una paz estable y duradera.

Es así como en este escenario es necesario hablar de víctimas y victimarios, entrar en un mundo que gira en torno a la ofensa, el daño, la agresión, pero también alrededor del resarcimiento, la reivindicación y la búsqueda de la justicia. Todos los procesos judiciales, a través de los siglos, han buscado que quien ha sufrido un atentado en contra de su ser —o de sus bienes jurídicos— pueda ser reparado de la manera adecuada y se le garanticen sus derechos en el desenvolvimiento de la causa litigiosa.

Sin embargo, en este texto se establece que existen algunas dificultades en el alcance y contenido del concepto de víctima, así como del tratamiento, los derechos y reparaciones. Varias complejidades y particularidades han aparecido conforme a la legislación y a la realidad y, con el paso de los años, se ha decantado su régimen legal y jurisprudencial como se planteará en el desarrollo posterior de este texto

Ahora bien, cuando ya se pensaba zanjada cualquier discusión, entra en el horizonte el concepto de "víctimas colectivas". Siempre se concibió a la víctima como aquella persona natural —sujeto individual— que había sufrido, directa o indirectamente, el delito o la ofensa en su ser. Cuán ajenos a la realidad nos encontrábamos ya que olvidamos que, tan solo como ejemplo, nuestros pueblos étnicos son colectividades que también fueron víctimas de hechos que socavaron sus derechos como un todo, poniendo en riesgo sus vidas, tradiciones, tejidos sociales, territorios y culturas.

A partir de ello, surge la necesidad de la lectura del presente texto que con gran esmero adelantaron sus autores buscando presentar a la sociedad un acercamiento al tratamiento de las víctimas colectivas que aparecieron a partir el conflicto armado en Colombia y a su margen de acción dentro del ordenamiento jurídico vigente, máxime si se tiene en cuenta como previamente se mencionó, que la Jurisdicción Especial para la Paz tiene como eje central a las víctimas y que, a diferencia del resto de jurisdicciones en el mundo, busca que los colectivos campesinos, pueblos indígenas, las comunidades negras, afrodescendientes, raizales y palenqueras encuentren reivindicados sus derechos y que bienes jurídicos supraindividuales como el ambiente tengan la relevancia que ameritan en la sociedad actual. De esta forma, los autores, a quienes felicito por esta obra, contribuyen a la construcción de la paz con justicia social y ambiental para estas víctimas colectivas que representan el patrimonio cultural de nuestra nación.

Gloria Amparo Rodríguez
*Magistrada tribunal*

Jurisdicción Especial para la Paz
*Profesora Universidad del Rosario*

## Referencias

Jurisdicción Especial para la Paz. *Principales estadísticas Acumulado histórico.* JEP, 2022. https://www.jep.gov.co/jepcifras/JEP-en-Cifras-diciembre-16-de-2022.pdf.

Unidad para las víctimas. "Registro único de víctimas (RUV)". Colombia Potencia de la Vida, 10 de julio de 2017. https://www.unidadvictimas.gov.co/es/registro-unico-de-victimas-ruv/.

# Resumen

El presente libro constituye la continuación y profundización del trabajo de investigación de fin de máster en derecho constitucional elaborado por uno de los autores, el cual fue nutrido y complementado invaluablemente por el coautor, a fin de otorgar a la comunidad académica un estudio serio y conciso, respecto a la protección normativa y jurisprudencial que se ha dado en Colombia a las víctimas colectivas del conflicto armado interno.

De esta forma, la investigación que aquí se desarrolla hace un recorrido por los diferentes derechos y garantías reconocidos en escenarios de justicia transicional al citado grupo poblacional, parte de la regulación normativa expedida por el gobierno nacional colombiano, dando a conocer su contenido, alcance y determinando el contexto en el que fueron expedidas. Una vez culminado dicho objetivo, se emprende el análisis de las decisiones que ha emitido la Corte Constitucional colombiana, relacionadas con el grupo de personas que ha catalogado víctimas colectivas del conflicto armado, centrando el estudio exclusivamente en las comunidades indígenas, comunidades campesinas, y comunidades afrocolombianas. Se plantea el papel preponderante que el alto tribunal ha cumplido respecto al efectivo goce y materialización de los derechos reconocidos a las víctimas, llegando inclusive, en algunos casos, a imponer obligaciones para el Estado en materia presupuestal y de política pública.

Este trabajo permitirá al lector realizar una conceptualización adecuada sobre el grupo poblacional que se ajusta a la denominación de víctima colectiva, así como su situación actual en Colombia, los retos que como colectivo deben afrontar y su futuro dentro de los escenarios transicionales.

# Introducción

El concepto de víctima y el reconocimiento de sus derechos ha sido un proceso de construcción paulatino a través de la historia[2], pues ha trasegado desde un desconocimiento total, hasta su aceptación preponderante en diferentes escenarios de la sociedad[3]. En la actualidad, no es posible señalar la existencia de una concepción unitaria o unánime de víctima, pues la misma ha girado en torno a dos grandes acepciones, una amplia y una estricta, la primera de ellas entiende como tal a la persona que sufre un daño injustamente, ya sea que emane de la comisión de un delito, o de factores medio ambientales, ecológicos, técnicos o de estructura social[4]; mientras que la segunda, esto es un concepto estricto, acepta su definición exclusivamente en el derecho y radica la producción del daño en una infracción delictiva[5].

El desarrollo de las citadas concepciones, así como el de la legislación victimal, se ha presentado de forma apresurada en los últimos años en

2. Centro Nacional de Memoria Histórica, *El derecho a la justicia como garantía de no repetición*, volumen 1: Graves violaciones de derechos humanos, luchas sociales y cambios normativos e institucionales 1985-2012. (Bogotá: CNMH, 2015), 11.
3. Bonet Esteva, Margarita, *La víctima del delito (La autopuesta en peligro como causa de exclusión de exclusión del tipo de injusto)*. (Madrid: McGraw Hill, 1999), 4.
4. Daunis Rodríguez, Alberto, *La responsabilidad Civil derivada del delito*. (Madrid: Universidad de Salamanca, 2008), 17
5. *Ibidem*.

diferentes países[6], sin que Colombia haya sido ajena a esta evolución[7], contrario a ello, sus características sociales particulares, derivadas entre otros factores de la existencia de un conflicto interno de más de cincuenta años[8], diferentes procesos de justicia transicional que ha afrontado[9] y la presencia ininterrumpida de grupos de narcotráfico[10], han permitido un significativo avance en materia de regulación y protección.

Con la expedición de la Constitución Política de 1991 se estableció en el país un decálogo importante de derechos y obligaciones para los colombianos, creándose a través de ella la Corte Constitucional con el fin de guardar su integridad y supremacía[11], en ejercicio de tal función, este órgano ha expedido una serie de decisiones en las que ha asumido

6. Fattah, Ezzat. "Victimología: pasado, presente y futuro". *Revista Electrónica de Ciencia Penal y Criminología. Revista de Paz y Conflictos*, n.° 6, 2013, 13. https://ns1.justucuman.gov.ar/archivos/entradas/208/1488887229.pdf.
7. Centro Nacional de Memoria Histórica, *El derecho a la justicia como garantía de no repetición*, 20
8. Salcedo López, Diana María, "Género, derechos de las víctimas y justicia transicional: Retos en Colombia". *Revista de Paz y Conflictos*, 125. https://www.redalyc.org/pdf/2050/205027536006.pdf.
9. Carrillo-Ballesteros. José Guillermo, "Los derechos humanos de las víctimas en el marco de la justicia transicional en Colombia". *Dixi 21*, 2015, 13. http://dx.doi.org/10.16925/di.v17i21.976.
10. Uprimny Rodrigo, Saffon. María Paula, "Usos y Abusos de la Justicia Transicional en Colombia", *Anuario De Derechos Humanos*, n.° 4, 2008, 166. www.anuariocdh.uchile.cl. Este artículo es una traducción y actualización del siguiente texto de los autores: María Paula Saffon, Rodrigo Uprimny. "Uses and abuses of transitional justice in Colombia", presentado en el Seminario Internacional Paz y Responsabilidad en Transiciones de Conflictos Armados (Universidad del Rosario, junio 15 y 16 de 2007), que será publicado en Bergsmo, M. y Kalmanovitz, P (eds.). 2007. Law in Peace Negotiations, FICJC Publication Series 2 (2007), International Peace Research Institute in Oslo (PRIO), 168
11. República de Colombia, Constitución política de Colombia, Artículo 241. Diario Oficial 51544 de 31 de diciembre de 2020. http://www.secretariasenado.gov.co/senado/basedoc/constitucion_politica_1991.html.

tanto la concepción amplia como la estricta de víctima, dotando de significado dicho concepto, además de establecer los parámetros que se deben cumplir para que esa calidad sea atribuida en virtud del conflicto armado interno[12].

En un amplio ejercicio jurisprudencial el máximo tribunal constitucional ha catalogado como víctima a "todas las personas que hubieren sufrido un daño[13]", reconociendo el conflicto armado interno como uno de los fenómenos sociales que mayor número de víctimas ha dejado en el país, ya que en su dinámica y desarrollo ha ocasionado lesiones injustificadas a la integridad física y psíquica de un número significativo de colombianos, ha obligado a muchos otros a abandonar sus tierras, y, los ha privado de su libertad con la realización de secuestros y reclutamientos ilegales[14].

Para superar el flagelo derivado del conflicto armado interno, se han presentado en el país algunos procesos de justicia transicional[15], respecto de los cuales la Corte Constitucional ha jugado un papel de suma importancia al analizar si las diferentes normas expedidas, que necesariamente han tendido con su contenido a velar por el respeto y garantía de los derechos de las víctimas, se ajustan a los postulados constitucionales.

Dentro de este escenario, la Corte ha centrado su atención respecto de algunos colectivos de personas que han sufrido de forma directa las atrocidades de la guerra, tales como los pueblos indígenas[16], comu-

12. *Ibidem*
13. Corte Constitucional de Colombia, Sentencia C-052 de 2012. https://www.corteconstitucional.gov.co/relatoria/2012/C-052-12.htm#:~:text=Se%20consideran%20v%C3%ADctimas%2C%20para%20los,manifiestas%20a%20las%20normas%20internacionales.
14. *Ibidem.*
15. Ministerio de Justicia, "Justicia Transicional", Colombia Potencia de la Vida, https://www.minjusticia.gov.co/programas/justicia-transicional.
16. Corte Constitucional de Colombia, Sentencia T-010 de 2015. https://www.corteconstitucional.gov.co/relatoria/2015/t-010-15.htm.

nidades campesinas[17] y comunidades afrocolombianas[18], los cuales ha denominado víctimas colectivas del conflicto armado. El presente libro dirige su estudio precisamente en este grupo poblacional, analizando su ámbito de protección, tanto a través de la regulación normativa interna, como de las diferentes decisiones que sobre la materia ha expedido el Alto Tribunal Constitucional. De esta manera, responde el siguiente problema de investigación: ¿Cómo se protegen los derechos de las victimas colectivas del conflicto armado en Colombia y que papel cumple la Corte Constitucional para su materialización dentro del marco de procesos de justicia transicional?

Así las cosas, el objetivo general alcanzado logra determinar cuáles son los derechos y garantías de protección de las victimas colectivas del conflicto armado interno en escenarios de justicia transicional y el papel que para tal efecto cumple la Corte Constitucional colombiana.

El citado objetivo es desarrollado a través de tres grandes capítulos que establecen los avances en materia de justicia transicional en Colombia y su relación con las víctimas colectivas del conflicto armado interno, el ámbito jurídico de protección de dichas víctimas en el ordenamiento jurídico colombiano, así como los parámetros de amparo y custodia establecidos a través de la jurisprudencia de la Corte Constitucional de Colombia como garante de los derechos fundamentales de este grupo poblacional.

17. Corte Constitucional de Colombia, Sentencia C-077 de 2017. https://www.corteconstitucional.gov.co/relatoria/2017/C-077-17.htm.
18. Corte Constitucional de Colombia, Sentencia T-576 de 2014. https://www.corteconstitucional.gov.co/relatoria/2014/t-576-14.htm.

# 1. Justicia transicional y víctimas

Los conflictos armados se han presentado de forma constante a través de la historia de las diferentes culturas[19], algunos de ellos en busca de la reivindicación de los derechos individuales o colectivos de la sociedad, y otros con fines mezquinos a fin de asegurar intereses particulares y beneficios adquiridos sin soporte alguno de legalidad[20].

La dinámica de los conflictos igualmente ha evolucionado, con mayor frecuencia se libran entre grupos nacionales y no entre Estados, debido, entre otros factores al hundimiento del Estado Social de Derecho, la carencia de instituciones estatales, los privilegios económicos ilícitos y la ausencia de recursos, además, en su desarrollo se han introducido avances tecnológicos que los dinamizan al cambiar la naturaleza de las amenazas tanto por el Estado como por los actores no estatales[21].

El desarrollo de estos conflictos, independientemente de los móviles que los acompañen, desintegran las sociedades, "altera los hitos temporales y geográficos y sumerge a las comunidades humanas en una

19. Ganvita Castiblanco, La importancia de la guerra en los estudios del derecho internacional humanitario. *Revista Nova Et Vetera* 6. N.° 58, 2020.
20. Federico Aznar Fernández-Montesinos, *Las generaciones de guerras. Guerras de primera generación* (*i*) (Instituto español de estudios estratégicos, noviembre de 2015), https://www.ieee.es/Galerias/fichero/docs_analisis/2015/DIEEEA54-2015_GeneracionesdeGuerras_xIx_FAFM.pdf.
21. Naciones Unidas, "Una nueva era de conflictos y violencia", https://www.un.org/es/un75/new-era-conflict-and-violence.

nueva realidad"[22], lesionando de paso sus derechos[23] y garantías[24], sin embargo, también es posible asegurar que dichos conflictos, tanto bélicos como consensuados, han traído consigo el avance y evolución de las sociedades[25].

El concepto de justicia transicional ha jugado un papel preponderante en la solución de conflictos internos en la era moderna de los países, pues se ha mostrado como una alternativa válidamente aceptada al facilitar la transición de un estado de violaciones de derechos, a su guarda y protección, aportando soluciones jurídicas y políticas no convencionales que atienden a realidades concretas de cara a proteger los derechos de las víctimas[26].

El planteamiento aludido resulta válido en la medida en que la justicia transicional adopta mecanismos tanto judiciales como extrajudiciales para resolver los problemas de un pasado de abusos y lesiones continuas, "a fin de que los responsables rindan cuentas de sus actos, servir a la justi-

22. González Calleja, Severino Rojo, "Las guerras civiles, reflexiones sobre los conflictos fraticidas de la época contemporánea". *Amnis. Revue d'études des sociétes et cultures contemporaines Europe-Amérique*, 2015. https://journals.openedition.org/amnis/2477#bodyftn1.
23. Sersale di Cerisano, "Justicia transicional en las Américas. El impacto del Sistema Interamericano". *Revista IIDH*, 57. https://www.corteidh.or.cr/tablas/r32271.pdf.
24. Romero Ramírez, Antonio José, "Guerra y paz". *Revista mexicana de sociología*, 70 N.°3, 2008, 589-617. http://www.scielo.org.mx/scielo.php?script=sci_arttext&pid=S0188-25032008000300005&lng=es&tlng=es.
25. Castro Álvarez, Francisca, "Conflicto como motor de cambio y su impacto en la cultura de paz". *Eirene Estudios de Paz y Conflictos*, No. 1, 2018. http://portal.amelica.org/ameli/journal/183/183765006/html/index.html.
26. Melamed V, Janiel David, "La justicia transicional: La llave hacia una salida negociada al conflicto armado en Colombia", *Revista De Relaciones Internacionales, Estrategia y Seguridad* 12, n. °1 (2017): 1909-3063, https://www.redalyc.org/pdf/927/92749666008.pdf.

cia y lograr la reconciliación[27]". Además de contar o no con participación internacional, conlleva el enjuiciamiento de los responsables, "el resarcimiento, la búsqueda de la verdad, la reforma institucional, la investigación de antecedentes, la remoción del cargo o combinaciones de todos ellos[28].

La justicia transicional constituye una nueva denominación para los procedimientos que buscan hacer tránsito de un estado de conflicto a la paz, trayendo como novedad la inclusión de un concepto de justicia[29], que respete estándares internacionales en materia de protección y garantía de derechos. Su desarrollo obedece en cada caso a las realidades concretas en que se presenten[30], convocan diversos sectores sociales con variados saberes y expectativas en busca de que la sociedad vea satisfechas sus aspiraciones[31].

Este modelo de justicia constituye un desarrollo llamativo para los distintos Estados donde el conflicto armado ha sido un escenario predominante o en los que el auge de una dictadura gubernamental ha conllevado a la violación sistemática de derechos fundamentales; aportando de esta manera una herramienta jurídica que logra brindar justicia, verdad y re-

27. Naciones Unidas, derechos humanos. Oficina del Alto Comisionado,*Justicia transicional y derechos económicos, sociales y culturales* (Ginebra y Nueva York: Naciones Unidas, 2014), https://www.ohchr.org/sites/default/files/Documents/Publications/HR-PUB-13-05_sp.pdf.
28. *Ibidem.*
29. Uprimny Rodrigo, Saffon María Paula, "Justicia Transicional y Justicia Restaurativa: Tensiones y complementariedades", en *Entre el perdón y el paredón. Preguntas y dilemas de la justicia transicional*, Angelica Rettberg Beil (Comp., ed.) (Bogotá: Universidad de los Andes, 2005), 214.
30. Balderrama Bedoya, Francisco Javier, Ortiz Agudelo Marvin Octavio, "Justicia Transicional: Noción de la Justicia en la transición de Colombia". *Revista Opinión Jurídica*, 16, N.° 32, 2017, 245-266.
31. Melamed Visbal, Janiel David, (2016). "La justicia transicional: la llave hacia una salida negociada al conflicto armado en Colombia". *Revista de Relaciones Internacionales, Estrategia y Seguridad*, 185-206. http://dx.doi.org/10.18359/ries.2469.

paración para cada uno de los partícipes de estos procesos, brindado una certeza jurídica sobre términos perentorios, acciones tipificadas dentro del ordenamiento jurídico, investigación y recaudación de pruebas[32].

Las negociaciones suscitadas en escenarios de justicia transicional conllevan la consecución de acuerdos lo suficientemente llamativos y satisfactorios como para que las partes en disputa decidan acogerlos y hacer el proceso de transición, siendo además guiados por exigencias jurídicas de justicia impuestas internacionalmente, en busca de que se castiguen a los máximos responsables de crímenes de guerra y lesa humanidad cometidos en razón o con ocasión del conflicto[33]. Se ha venido sosteniendo que los procesos de justicia transicional en la actualidad deben contener dos referentes, uno relacionado con la existencia de una transición entre un estado de conflicto a la paz, y uno político que conlleva a que las normas adoptadas cumplan con los estándares internacionales en derechos humanos[34].

El requerimiento concreto de adoptarse medidas adecuadas para superar el conflicto necesariamente lleva implícito el reconocimiento del daño causado, en sus dimensiones económicas, ambientales, políticas y sociales. En este escenario juegan un papel preponderante las víctimas pues de un verdadero perdón y de la satisfacción de sus necesidades dependerá el éxito del proceso. Para algunos autores este escenario es realmente la piedra angular de los acuerdos pues los incentivos que se les ofrezcan a los actores armados que han cometidos abusos contra los derechos humanos, pueden llegar a violar o lesionar las expectativas sociales de verdad, justicia, reparación y garantías de no repetición[35].

32. Sersale di Cerisano, "Justicia transicional en las Américas. El impacto del Sistema Interamericano". *Revista IIDH*, 57. https://www.corteidh.or.cr/tablas/r32271.pdf
33. *Ibidem*, 215.
34. Rúa Delgado, Carlos Felipe, "Los momentos de la justicia transicional en Colombia". *Revista de Derecho*, n.° 43, 2015, 78.
35. González Chavarría, Alexander. "Justicia transicional y reparación a las víctimas en Colombia". *Revista Mexica de Sociología*, 72, n.° 4, 2010, 629-658. http://www.scielo.org.mx/scielo.php?script=sci_arttext&pid=S0188-25032010000400005&lng=es&nrm=iso.

La adopción del concepto y los parámetros que apareja la justicia transicional ha sido generalizada y desde los años 80 ha tenido un desarrollo significativo en los países latinoamericanos, su acogimiento fue de buen recibo por las víctimas del conflicto pues tradicionalmente habían sido excluidas por parte del Estado de su haber jurisdiccional. América latina fue señalada como pionera en la aplicación de enfoques de justicia transicional, la adoptó como un proceso transformador, apoyado en algunos casos por la Corte Interamericana de Derechos Humanos y demás organismos de cooperación internacional[36].

Hablar de justicia transicional en América Latina conlleva establecer un procedimiento inacabado, pues como se indicó, se trata de reglas generales que deben ser acondicionadas a cada caso concreto, velando siempre por la protección de las partes en conflicto y sobre todo de las víctimas, de esta forma, su desarrollo presenta grandes retos en la actualidad, toda vez que debe, "demostrar también su efectividad para lidiar con los problemas del presente: conflictos armados, criminalidad organizada, impunidad y debilidad del Estado de derecho. La construcción de una memoria histórica compartida, la reparación debida a las víctimas, el establecimiento de responsabilidades individuales y la reforma de sus instituciones"[37].

En palabras de la ICTJ, al referirse al campo de acción de la justicia transicional,

> los retos y deberes que las sociedades que emergen del autoritarismo o de la violencia armada afrontan no son, solamente, los relativos al logro de una

36. Félix Reátegui, ed., *Justicia Transicional. manual para América Latina* (Brasilia y Nueva york: ICTJ, 2011), 36, https://idehpucp.pucp.edu.pe/wp-content/uploads/2012/12/Manual-Justicia-Transicional-español-versión-final-al-21-05-12-5-1.pdf.
37. International Center for transitional justice, *Justicia transicional en América Latina: Enfrentando los dilemas del presente a partir de los legados del pasado* (ICTJ, 2009), https://www.ictj.org/sites/default/files/ICTJ-Global-TransitionalJustice-in-Latin-America-2009-Spanish.pdf.

transición efectiva en términos de institucionalidad política; son, también, y centralmente, tareas referidas a la provisión de medidas de justicia frente a las víctimas de violaciones de derechos humanos, al esclarecimiento y el reconocimiento colectivo y crítico de los hechos del pasado, y en última instancia, a la creación de condiciones para una paz sostenible[38].

Por ello, es válido asegurar que precisamente los procesos de justicia transicional han constituido escenarios idóneos de reconocimiento de derechos y protección de las víctimas del conflicto armado. Memoria, verdad y reparaciones se conjugan con la consolidación de un sistema regional de protección de derechos humanos. "El objetivo de la justicia transicional implica llevar a juicio a los perpetradores, revelar la verdad acerca de crímenes pasados, brindar reparaciones a las víctimas, reformar las instituciones abusivas y promover la reconciliación"[39].

## 1.1. JUSTICIA TRANSICIONAL Y VÍCTIMAS DEL CONFLICTO ARMADO INTERNO EN COLOMBIA

La Corte Constitucional colombiana se ha ocupado en diversas oportunidades de determinar el alcance del concepto de la Justicia transicional, destacando su capacidad para integrar los esfuerzos en pro de contrarrestar las consecuencias de violaciones masivas y generalizadas de derechos humanos en escenario de un conflicto, *"hacia una etapa constructiva de paz, respeto, reconciliación y consolidación de la democracia, situaciones de excepción frente a lo que resultaría de la aplicación de las instituciones penales comunes*[40].

38. *Ibidem.*
39. *Ibidem*, 47.
40. Corte Constitucional de Colombia, Sentencia C-771 de 2011. https://www.corteconstitucional.gov.co/RELATORIA/2011/C-771-11.htm#:~:text=Encuentra%20la%20Corte%20Constitucional%20que,del%20marco%20de%20la%20justicia.

El órgano de cierre en materia constitucional en Colombia ha centrado su análisis en ligar el concepto de justicia transicional con el respeto de las garantías de las víctimas del conflicto, insistiendo en la necesidad de satisfacerse sus derechos a la verdad, justicia, reparación y garantías de no repetición, señalando además el papel preponderante que deben cumplir los diferentes jueces y magistrados a efectos de garantizarlos[41].

Para la Corte Constitucional, el Estado debe garantizar el goce efectivo de los derechos de las personas tanto en escenario de normalidad democrática como en el contexto del conflicto armado, foco de violación masiva y sistemática de derechos humanos, pues a su juicio, la institucionalidad debe garantizar el efectivo ejercicio de su deber de investigar, juzgar y sancionar estas afectaciones, así como asegurar la eficacia y restablecimiento de los derechos de las víctimas a la verdad, justicia y reparación.

La Corte también ha sido clara al señalar que en situaciones en las que se pretende dar fin a violaciones de derechos humanos, tal como ocurre en los periodos de transición, el deber de juzgamiento se flexibiliza para criminalizar las conductas más graves y lesivas para la organización social y política, pues la ganancia efectiva la constituiría la obtención de la paz, la construcción de la verdad y la reparación de las víctimas[42].

Sobre la construcción de la verdad, como garantía de eficacia de los procesos transicionales y respeto de las víctimas, ha insistido la Corte, que si bien existe una clara diferenciación entre la verdad procesal y la verdad material, debido a las complejidades del conflicto colombiano y la imposibilidad de entregar de forma pormenorizada las particularidades de los hechos victimizantes, se han creado figuras jurídicas que

41. Corte Constitucional de Colombia, Sentencia C 007 de 2018. https://www.corteconstitucional.gov.co/relatoria/2018/C-007-18.htm.

42. Corte Constitucional de Colombia. Sentencia C-647 de 2017. https://www.corteconstitucional.gov.co/relatoria/2017/C-674-17.htm#:~:text=Se%20deber%C3%A1%20promover%20la%20participaci%C3%B3n,en%20raz%C3%B3n%20del%20conflicto%20armado.

atiendan dicha realidad, a efectos de que se cumpla con la "*ambición de que la justicia transicional propicie arreglos estables y no sea el germen de nuevos conflictos*[43]"

Los aspectos derivados del concepto de la justicia transicional en Colombia han sido cada vez más aceptados por la sociedad, en la última década viene siendo valorado como un mecanismo importante para la solución del conflicto que afronta el país[44]. La Corte Constitucional en la Sentencia C - 647 de 2017, recuerda que a través de su decisión C - 579 de 2013 declaró la constitucionalidad del modelo de justicia transicional centrado en la investigación, juzgamiento y sanción de los máximos responsables de las graves violaciones de los derechos humanos y las infracciones al Derecho Internacional Humanitario.

Para diferentes autores y tratadistas, el primer momento en que se pudo evidenciar un ejercicio de justicia transicional en el escenario nacional colombiano lo constituyó el proceso de negociación con los denominados grupos de Autodefensas Unidas de Colombia[45], pues con-

43. *Ibidem.*
44. Uprimny, Rodrigo. y Saffon, María Paula, "Usos y abusos de la Justicia Transicional en Colombia", 165. www.anuariocdh.uchile.cl. Este artículo es una traducción y actualización del siguiente texto de los autores: María Paula Saffon, Rodrigo Uprimny. "Uses and abuses of transitional justice in Colombia", presentado en el Seminario Internacional Paz y Responsabilidad en Transiciones de Conflictos Armados (Universidad del Rosario, junio 15 y 16 de 2007), que será publicado en Bergsmo, M. y Kalmanovitz, P (eds.) 2007. Law in Peace Negotiations, FICJC Publication Series 2 (2007), International Peace Research Institute in Oslo (PRIO).
45. Autores como Rúa Delgado citando a Bernal Acevedo y Álvarez Borras (2009) aseguran que tan solo a partir de la expedición de la Ley 975 de 2005, Ley de justicia y paz, se puede hablar de justicia transicional, "en tanto que a partir de esta norma la legislación colombiana comienza a cumplir los contenidos enunciados en los referentes político y normativo" ver al respecto: "Los momentos de la justicia transicional en Colombia". *Revista de Derecho*, n.° 43, 2015, 78. https://www.redalyc.org/pdf/851/85138494004.pdf.

tenía un referente político y normativito que satisfacía los compromisos adquiridos por el Estado en materia de protección de derechos y garantías de las víctimas así como una adecuada judicialización de las conductas, sin embargo, aceptar tal afirmación desconoce los escenarios de negociación y transición presentados con anterioridad, pues los mismos válidamente constituyen un ejercicio de justicia transicional, toda vez que, generaron procesos que garantizaron la transición de un momento histórico de conflicto a uno de paz, cumpliendo con la regulación normativa que para dichos momentos históricos se encontraban vigentes y le eran exigibles al país.

En efecto, la historia del país ha estado marcada por la presencia permanente de conflictos, de tal manera que, previo al citado escenario de negociación con los grupos paramilitares, se venían evidenciando en Colombia diálogos de paz desde el año 1982 con el reconocimiento que se hiciera como actor político de oposición a la guerrilla armada por parte del entonces presidente Belisario Betancourt[46], y aunque se presentaron incumplimientos por las partes y no se obtuvieron los resultados esperados, constituyen ejercicios importantes de diálogos en la medida en que se logró temporalmente el cese al fuego y la apertura de mesas de discusión con propuestas de reformas políticas en materia agraria, urbana y legislativa, además de conllevar a la creación de la Comisión de Paz.

Luego de superadas algunas dificultades propias de este tipo de escenarios, en 1989 se reanudan las negociaciones con algunos grupos gue-

46. Padilla Berrío, María Jimena, "Los embates por la paz: historia de los diálogos de paz durante el gobierno de Belisario Betancur con los grupos guerrilleros, Colombia". *Revista Forum*, 2017, 88. https://revistas.unal.edu.co/index.php/forum/article/view/69059.

rrilleros dentro de los que se encontraba el EPL[47] y el Quintín Lame[48], y en el año de 1990 se logra la desmovilización del M-19 con la consecuente influencia en la Asamblea Nacional Constituyente de 1991[49].

El grupo guerrillero Movimiento 19 de abril (M-19) se conformó en razón a los hechos generados en las elecciones presidenciales del 19 de abril de 1970 de las que se enunciara como ganador al candidato del Frente Nacional, Misael Pastrana Borrero, quien disputaba la elección contra el candidato de la ANAPO[50] general Gustavo Rojas Pinilla, esta organización se estableció en su inicio de forma insurgente y empezó a operar como guerrilla en el año de 1974.

47. Ejército Popular de Liberación (EPL). Fundado en febrero de 1967, su lucha armada la desarrolló hasta 1968, principalmente en el Urabá y Bajo Cauca antioqueño, los departamentos de Córdoba, Sucre y la región del Magdalena Medio. Se desmovilizó en 1991.
48. Movimiento Armado Quintín Lame (MAQL), guerrilla indígena fundada en 1984. Se desmovilizó en 1991.
49. *"La Asamblea Nacional Constituyente es el resultado de una masiva expresión ciudadana que pidió la redacción de una nueva Constitución en Colombia, en reemplazo de la Constitución de 1886. El 9 de diciembre de 1990, durante el gobierno de César Gaviria Trujillo, los colombianos votaron para la conformación democrática del grupo de líderes encargados de discutirla y escribirla. El camino para llegar a esta Asamblea se materializó gracias a la exigencia de la ciudadanía ya que la nueva Constitución fue una realidad gracias a la Séptima papeleta, propuesta originada por un sector de académicos y líderes sindicalistas, la cual fue fortalecida con el movimiento estudiantil que planteó la inclusión de un séptimo voto en las elecciones del 11 de marzo de 1990 el cual solicitaría la convocatoria de una Asamblea Constituyente. La ciudadanía respondió masivamente a la propuesta. De esta forma, se puede afirmar que el movimiento ciudadano de la Séptima papeleta fue el origen de la Constitución de 1991, sumado al exitoso proceso de paz con el M-19, el cual tenía como acuerdo una constituyente".* http://www.indepaz.org.co/wp-content/uploads/2013/04/La_constituyente_de_1991.pdf
50. Movimiento Alianza Nacional Popular (ANAPO)

*Se definió como una organización político-militar nacionalista, anti oligárquica y antiimperialista, que reivindicaba la democracia como su principal demanda. El M-19 surgió inicialmente como guerrilla fundamentalmente urbana, pero en su segunda fase de desarrolló, llegó a operar también en el territorio rural colombiano*[51].

El diálogo y negociación surtido entre el gobierno nacional colombiano y el extinto grupo guerrillero del M19, culminó con la firma de un acuerdo el 9 de marzo de 1990, cuando el grupo se desmovilizó con un acto simbólico en el municipio de Caloto Cauca. El 15 de marzo siguiente en las elecciones a corporaciones públicas, el movimiento participó y obtuvo una curul en la Cámara de Representantes[52].

Debe destacarse que, no obstante, lo exitoso que puede ser catalogado el proceso, debido entre otros aspectos al cumplimiento de los compromisos adquiridos, una efectiva reinserción y el impulso que representó para la adopción una política de paz en el país no tuvo una participación de las víctimas, el acuerdo al que se llegó no se pronunció expresamente sobre sus derechos, protección y garantías.

El citado proceso de negociación se desarrolló de una forma mucho más expedita que los escenarios que le prosiguieron, pues por parte del ejecutivo se contaba con un mayor margen de maniobrabilidad al no haberse establecido compromisos normativos a nivel interno e internacional, tales como los contenidos en la Constitución Política de 1991 y los referidos por el Estatuto de Roma[53].

En efecto, de manera voluntaria Colombia ha suscrito y ratificado instrumentos internacionales en los que se ha comprometido a respetar

51. Narvaez Jaimes. Ginneth Esmeralda, "El populismo armado del movimiento 19 de abril (M-19)". *Revista CRITERIOS-Cuadernos de Ciencias Jurídicas y Política Internacional* 5, n.° 2, 2012, 117-144.
52. Pardo, Rafael, *De primera mano*. (Bogotá: Grupo Editorial Norma, 1996).
53. Melo, Jorge. "Resumen del Acuerdo de Paz". *Revista de Economía Institucional* 18, N°. 35, 2016, 319-337.

una serie de pautas mínimas de justicia en los procesos de paz que adelante, obligándose a investigar, juzgar y sancionar las graves violaciones de derechos humanos. Ejemplo claro de estos compromisos, se evidencian en el Estatuto de Roma que creo la Corte Penal Internacional

> *A través de la suscripción de este instrumento, el Estado Colombiano se obligó a juzgar y condenar a penas adecuadas a quienes hayan cometido los crímenes de genocidio, agresión o crímenes de lesa humanidad, en caso de no hacerlo, a extraditar a esas personas para que sean juzgadas por dicha Corte. En punto a crímenes de guerra, Colombia suscribió la declaración del artículo 124 del Estatuto de Roma, de modo tal que los mismos sólo podrán ser juzgados por la Corte a partir del año 2009*[54].

Los citados aspectos constituyen directrices a atender por parte del gobierno nacional colombiano al momento de iniciar un proceso de negociación, sin embargo, no establecen de manera clara cuál debe ser su interpretación y alcance, por ello se deberán atender las características concretas de la negociación que se vaya a realizar para efectos de acogerlos y acompasarlos.

Los ejercicios de justicia transicional desarrollados en vigencia de la Constitución Política de 1991, que pueden ser concretados en los acuerdos con grupos de autodefensas y con la extinta guerrilla de las FARC EP, de los cuales nos ocuparemos en los capítulos siguientes, muestran como rasgo característico la preponderancia que se da a las víctimas en sus dimensiones individual y colectiva, pues la garantía de sus derechos constituye el pilar fundamental de los procesos. De acuerdo con ello, si bien se reconoce un amplio catálogo de derechos, el mismo es desarrollado a partir del establecimiento de la verdad, justicia, reparación y garantías de no repetición como ejes centrales.

54. Botero Marino, Catalina, "Estándares internacionales y procesos de transición en Colombia", en *Entre el perdón y el paredón. Preguntas y dilemas de la justicia transicional*, 21

### 1.1.1. Proceso de transición del conflicto con las autodefensas unidas de Colombia

Los procesos de justicia transicional en Colombia, si bien suman cada día más adeptos, también han sido objeto de algunos cuestionamientos, toda vez que las características concretas del medio circundante complejizan la posibilidad de la utilización de este tipo de figuras en medio de un conflicto armado que aún está en curso debido a los diferentes actores que en él participan[55].

Respecto al escenario desarrollado con los grupos paramilitares, previamente citado, la historia de la conformación y desarrollo de estos ha sido registrada reiterativamente en diferentes procesos judiciales en los que se ha buscado determinar la responsabilidad penal de sus integrantes, configurando uno de los ejercicios más completos el contenido en la decisión de la Sala de Casación Penal de la Corte Suprema de Justicia del 24 de octubre de 2016, Radicación No. 46.075 que destacó la violencia generalizada a causa del fenómeno del paramilitarismo, su incidencia y las secuelas presentadas en las comunidades afectadas.

La decisión en cita relata como antecedentes de la creación de estos grupos, el Decreto 3398 de 1965[56] de Estado de Sitio, emitido con la finalidad de enfrentar la violencia generada por la guerrilla, permitió al Gobierno Nacional utilizar ciudadanos en actividades tendientes a reestablecer la normalidad, situación que ha sido catalogada como el germen de los grupos de autodefensa,[57] *"en tanto civiles quedaron facul-*

55. Uprimny, Rodrigo y Saffon, María Paula. "Usos y Abusos de la Justicia Transicional en Colombia", 166. www.anuariocdh.uchile.cl.
56. Presidente de la República de Colombia. Decreto 3398 de 1965: Por el cual se organiza la defensa nacional. https://www.funcionpublica.gov.co/eva/gestornormativo/norma_pdf.php?i=66354.
57. Corte Interamericana de Derechos Humanos. Sentencia del 5 de junio de 2004. Caso: 19 Comerciantes contra Colombia.

*tados para utilizar armas de uso restringido de la fuerza pública y no solo en tareas de defensa sino de ataque".*

Bajo el amparo de este decreto, que luego fue elevado a la categoría de ley 48 de 1968[58], se conformaron grupos de ciudadanos que inicialmente buscaban protegerse de la guerrilla pero que poco a poco fueron estructurando sistemas de ataque y erradicación, como el caso del Movimiento Muerte a Secuestradores, MAS, creado en 1981 por el denominado cartel de las drogas de Medellín, pues sus tácticas, *"fueron replicadas por ACDEGAM*[59] *en el Magdalena Medio para proteger las muchas propiedades adquiridas, estableciendo los primeros grupos armados, entrenados por mercenarios israelíes e ingleses, "importados" para el efecto"*[60].

La naturaleza originaria de estos grupos fue mutando al haber encontrado un apoyo financiero en el narcotráfico convirtiéndose en una estructura de delincuencia organizada que perseguía la consecución de riqueza con violencia, sangre, despojo y desplazamientos. Se trató de organizaciones que poco a poco fueron sumando adeptos y logrando posicionamiento regional.

58. Ley 48 de 1968.
59. Asociación Campesina de Ganaderos y Agricultores del Magdalena Medio. En enero de 1980 el gobierno colombiano le otorgó la personería jurídica (Acdegam), que se creó para canalizar dineros que alimentaron a las autodefensas. "*La organización fue el brazo político y económico para el fortalecimiento del paramilitarismo en la región y su legitimación, a través de obras sociales, de infraestructura, el adoctrinamiento anticomunista de los campesinos. También le pagó a mercenarios de Israel, Gran Bretaña o Australia, para que dieran cursos de entrenamiento a paramilitares de todo el país.*" https://verdadabierta.com/nace-la-asociacion-de-ganaderos-acdegam/.
60. Corte Suprema de Justicia de Colombia. Sala de Casación Penal. Sentencia del 24 de octubre de 2016, Radicación No. 46.075. https://corte-suprema-justicia.vlex.com.co/vid/692001857.

El Decreto 815 de 1989[61], suspendió algunas de las disposiciones contenidas en el 3398 y la Sala Plena de la Corte Suprema de Justicia a través de Sentencia del 25 de mayo del mismo año, declaró la inconstitucionalidad parcial del aludido Decreto 3398, toda vez que se oponía a que el monopolio de las armas de guerra fuera del Estado.

En el año de 1994, se expidió el Decreto 356[62] que dispuso la creación de Asociaciones Comunitarias de Seguridad Rural, CONVIVIR, para que sirvieran de informantes a la fuerza pública "*además de impulsar que las comunidades se asociaran en cooperativas, juntas de acción comunal o empresas comunitarias para proporcionar vigilancia y seguridad privada*"[63], tres años después de su promulgación, esto es para el año 1997, se habían autorizado 507 CONVIVIR, existían 330 empresas de seguridad particular dotadas de armas de uso restringido de la fuerza pública, aspectos que permitieron su poder y control territorial en las regiones de Córdoba, Urabá, Magdalena medio, Sucre, Sur de Bolívar, Putumayo, Cauca, Meta y Caquetá.

La consolidación y unificación nacional de los grupos paramilitares como Autodefensas Unidas de Colombia, AUC, se perfeccionó en el año de 1997 bajo el liderazgo de Carlos Castaño, labor que hubiera emprendido desde los años 80 tras su alianza con el Cartel de Cali de narcotráfico y el grupo perseguidos por Pablo Escobar, PEPES, así su poderío económico se consolidó con la ayuda de contribuciones cobradas a empresarios, terratenientes, ganaderos y dueños de tierras; cuotas extorsivas; porcentajes exigidos a las autoridades administrativas por concepto de contratación estatal, así como en el narcotráfico, el despojo de las tierras de quienes desplazaban y el hurto de combustible.

61. Diario Oficial. No. 38785. 19 abril de 1989, 2. http://www.suin-juriscol.gov.co/viewDocument.asp?id=1171406
62. Diario Oficial No 41.220, de 11 de febrero de 1994. Disponible en http://www.secretariasenado.gov.co/senado/basedoc/decreto_0356_1994.html
63. Ministerio de Defensa Nacional. Sala de Casación Penal. Sentencia del 24 de octubre de 2016, Radicación No. 46.075.

Los grupos paramilitares combatían a la guerrilla y a todo aquel que fuera señalado como colaborador, utilizando para ello patrones delictivos que conllevaron a la realización de un número significativo de hechos delictivos y consecuentes víctimas. Este accionar de las AUC se mantuvo hasta la desmovilización de sus bloques desde el año 2004 producto del acuerdo suscrito con el gobierno colombiano. Dicho proceso de negociación se desarrolló a partir del 1 de diciembre del año 2002, durante el primer periodo presidencial de Álvaro Uribe Vélez

Con la expedición de la Ley 782 de 2022, el gobierno quedó facultado para iniciar negociaciones de paz con grupos que no tuvieran estatus político, ello brindó la posibilidad para iniciar los diálogos con los grupos paramilitares, sin embargo, en razón a las limitaciones que la citada norma contenía, relacionadas con la posibilidad de conceder los beneficios de amnistías e indultos, para delitos políticos y conexos, surgió la necesidad de una nueva ley que facilitara el avance de los diálogos, garantizando la reincorporación de los sujetos armados a la vida civil y los derechos de las víctimas, sin desconocer las consecuencias que conllevaban la comisión de graves violaciones de los derechos humanos, crímenes de guerra y delitos contra el derecho internacional humanitario.

De esta forma, el marco jurídico de las negociaciones se contuvo en la Ley 975 de 2004[64], y a partir de allí comienza a asumirse en la legislación colombiana el concepto de proceso de justicia transicional destacando la exigencia de garantizar los derechos a la verdad, justicia, reparación y garantías de no repetición como requisito de negociación con grupos armados para la concesión de beneficios[65]. Esta norma además pretendió facilitar los procesos de paz y la reincorporación individual o colectiva a la vida civil de miembros de grupos armados ilegales.

64. Ley 975 de 2005. Diario Oficial No. 45.980 de 25 de julio de 2005. http://www.secretariasenado.gov.co/senado/basedoc/ley_0975_2005.html.
65. Abuchaibe, Heydi. "La Declaración del Milenio y la justicia transicional en Colombia". *Revista Oasis*, 15, 2010, 303.

La citada Ley no promulgó independencia de ningún órgano encargado de su ejecución y vigilancia, aunque sí estableció la creación de instancias especializadas para la administración de los instrumentos de justicia transicional insertados en la estructura judicial previamente existente. De esta forma, se crearon las Salas de Justicia y Paz, la unidad nacional de Fiscalía para la Justicia y la Paz delegada ante los tribunales superiores del distrito judicial con apoyo permanente de una unidad especial de policía judicial que hacía parte de la Fiscalía General de la Nación, y de una Procuraduría para la Justicia y la Paz adscrita igualmente a la Procuraduría General de la Nación.

En materia de representatividad de las víctimas y garantías de sus derechos, el proceso de negociación fue duramente criticado por la comunidad internacional pues no obstante su avance en las mesas de diálogos, no se presentaba como un punto central de la negociación la reparación del daño causado a las víctimas de actos de violencia o desplazamiento, el reconocimiento de estos derechos fue incorporado a la Ley 975, sin embargo, a juicio de algunos autores, fueron relegados a la partición en los diferentes procesos penales[66].

### 1.1.2. El ejercicio de Justicia transicional en el Acuerdo final para la terminación del conflicto y la Construcción de una paz estable y duradera suscrito entre el gobierno colombiano y la extinta guerrilla de las FARC EP[67]

La situación descrita respecto al proceso de negociación surtido con los grupos de autodefensas resulta disímil a la presentada con el extinto

66. Gilm Max, "Los derechos de las víctimas en el marco del proceso de negociación entre el gobierno colombiano y los grupos paramilitares, 2002-2007". *Controversia,* No. 189. http://biblioteca.clacso.edu.ar/Colombia/cinep/20100920012727/art4Controversia189.pdf

67. Fuerzas Armadas Revolucionarias de Colombia-Ejército del Pueblo

grupo guerrillero de las FARC EP, pues de acuerdo con lo establecido en el Acto Legislativo 01 de 2017[68] (que realizó las modificaciones constitucionales tendientes a elevar a la categoría de Ley algunos de los puntos tratados en el acuerdo de Paz), los órganos de transición se encuentran separados orgánica y funcionalmente de las ramas del poder público creadas bajo la Constitución de 1991, contando de esta manera con autonomía técnica, administrativa y presupuestal, además de estar sujeto a un régimen especial y exceptivo[69].

68. Acto Legislativo 01 de 2017, "por medio del cual se crea un título de disposiciones transitorias de la Constitución para la terminación del conflicto armado y la construcción de una paz estable y duradera y se dictan otras disposiciones".

69. *"En el contexto del marco jurídico para la paz, el Acto Legislativo 01 de 2012 consagra unas herramientas generales para ser empleadas y desarrolladas en los procesos de transición, esto es, en escenarios de terminación de conflictos armados, para la consecución de una paz estable y duradera y para garantizar los derechos de las víctimas de tales conflictos. Estos instrumentos, que deben ser regulados en una ley estatutaria, tienen por objeto actuar en tres frentes, a través de mecanismos judiciales y no judiciales: la verdad, la justicia y la reparación integral de las víctimas, a través de mecanismos judiciales y no judiciales. En este marco, el Acto Legislativo establece dos tipos de medidas: (i) por un lado, habilita al legislativo para establecer un tratamiento penal especial para los actores del conflicto, con el propósito de facilitar la terminación del mismo; es así como el legislador puede establecer criterios de priorización y de selección para que la función persecutoria de los delitos se ejerza exclusivamente en relación con los máximos responsables de los crímenes de lesa humanidad, de genocidio y de los crímenes de guerra, así como también flexibilizar la función sancionatoria a través de reducciones de sanciones o la concesión de penas alternativas; en cualquier caso, el otorgamiento de estos tratamientos especiales está sujeto a un estricto régimen de condicionalidades, tales como la dejación de las armas, el reconocimiento de la responsabilidad, la contribución al esclarecimiento de la verdad y a la reparación integral de las víctimas, la liberación de los secuestrados, y la desvinculación de los menores de edad reclutados ilícitamente que se encuentre en poder de los grupos armados al margen de la ley; (ii) por otro lado, el acto legislativo abre la posibilidad de que los desmovilizados se reincorporen a la vida política, pero*

En efecto, tanto su naturaleza como historia aportan elementos que conllevan a diferencias significativas en los dos grupos insurgentes esto es, los paramilitares y la guerrilla de las FARC EP, los cuales fueron determinantes para los procesos de negociación en el marco de una justicia transicional.

Como lo fue referido, respecto al surgimiento de los grupos paramilitares en Colombia se ha atribuido al Estado un papel crucial pues en su origen fueron establecidos como una herramienta importante para combatir a los grupos guerrilleros en general. Por su parte, el nacimiento de las FARC EP en la década de los años 60 se atribuye como una reacción armada violenta por la inequitativa distribución de la tierra y la concentración del poder político en pocas personas[70]. Este grupo guerrillero mantuvo plena vigencia por más de 50 años durante los cuales se presentaron múltiples confrontaciones y algunos escenarios de negociación que resultaron infructíferos, esto hasta el año 2016 cuando se logró la firma del Acuerdo Final para la Terminación del Conflicto y la Construcción de una Paz Estable y Duradera[71].

El Acuerdo establece seis puntos que fueron objeto de intensos debates: reforma agraria, participación política, drogas ilícitas, víctimas, fin del conflicto e implementación del acuerdo final. El acuerdo sobre víctimas prevé una serie de mecanismos destinados a rendir cuentas por delitos graves y hacer efectivos los derechos de las víctimas a la verdad,

*con la excepción de los crímenes de lesa humanidad y de genocidio cometidos de manera sistemática*". (Corte Constitucional, Sentencia C -647 de 2017).

70. ARBOLEDA RAMÍREZ, Paulo Bernando, "La violencia política en Colombia: justicia transicional en el marco del proceso de paz entre el gobierno santos y las FARC-EP". *Revista Prolegómenos Derechos y Valores*, 2013, 49-68, 2013. https://revistas.unimilitar.edu.co/index.php/dere/article/view/754/506.

71. Ríos, Jerónimo. "El Acuerdo de paz entre el Gobierno colombiano y las FARC: o cuando una paz imperfecta es mejor que una guerra perfecta". *Revista Iberoamericana de Filosofía, Política y Humanidades*, 19, n.° 38, 2017, 593-618, 2017. https://www.redalyc.org/jatsRepo/282/28253016027/html/index.html.

la justicia, la reparación y las garantías de no repetición para lo cual se estableció la creación de un sistema integral que buscaba satisfacerlos[72].

De esta forma, la Jurisdicción Especial para la Paz fue instituido como el componente de justicia de dicho sistema, el cual

> *brinda a las personas justiciadas, a las víctimas y a la sociedad en general, la certeza de que se alcanzarán los fines propuestos y, precisamente por ello, los postulados establecidos en la jurisdicción penal ordinaria ceden en pro de éstos; las normas de derecho penal y de procedimiento penal son flexibilizadas, pues su análisis e interpretación se efectúa en atención de las características del conflicto que se aspira a superar*[73].

El citado acuerdo constituye la concertación de aspectos que fueron objeto de diferencias ideológicas estructuradas por más de 50 años, allí radica precisamente su relevancia e importancia, pues si bien, no cuenta de forma independiente con valor normativo, sus postulados son válidos como criterios auxiliares de interpretación y han venido siendo recogidos por las diferentes normas que desarrollan el contenido de lo acordado.

El acuerdo final destaca el marco histórico de la confrontación, hace alusión a una nueva visión de Colombia en términos de paz que permita alcanzar una sociedad sostenible basada tanto en el respeto de los derechos humanos, como en la tolerancia mutua, en la protección al medio ambiente, el respeto de la naturaleza, sus recursos renovables y no renovables y su biodiversidad. Del mismo modo, establece la importancia de un

72. El Sistema está compuesto por la Comisión para el Esclarecimiento de la Verdad, la Convivencia y la No Repetición (CEV), la Jurisdicción Especial para la Paz (JEP) y la Unidad de Búsqueda de Personas dadas por Desaparecidas en el Contexto y en Razón del Conflicto Armado (UBPD). Y también las medidas de reparación integral para la construcción de paz y las garantías de no repetición.

73. Salazar Medina, William Javier y Medina, Ricardo, "La justicia restaurativa en Colombia. Del retribucionismo del siglo XIX a la Jurisdicción Especial para la Paz". *Revista Metodhos*, 2018.

desarrollo sostenible, la democratización del acceso y uso adecuado de la tierra, en el entendido que el mayor número posible de hombres y mujeres puedan acceder a ella y que incentiven el uso adecuado de la tierra.

En materia del componente de justicia, el acuerdo planteó la creación de un Tribunal para la Paz y de Salas de Justicia, el primero de los citados conformado por cuatro Secciones, a saber, Revisión de Sentencias; No Reconocimiento de Verdad y de Responsabilidad de los Hechos y Conductas; Reconocimiento de Verdad, de Responsabilidad y de Determinación de Hechos y Conductas; y Apelación. Por su parte, las Salas de Justicia las conforman, la de Reconocimiento de Verdad, de Responsabilidad y de Determinación de los Hechos y las Conductas; la de Amnistía; y la de Definición de Situaciones Jurídicas. Paralelamente cuenta con una Unidad de Investigación y Acusación (UIA) encargada de coadyuvar las tareas que le sean asignadas por las Salas y Secciones además de ser el órgano de investigación de la Jurisdicción para los casos de ausencia de reconocimiento[74].

En la actualidad se ha venido estructurando un marco normativo para la paz que contienen la voluntad de las partes estipulada en el acuerdo, así como un importante desarrollo jurisprudencial, conformado tanto por las decisiones emitidas por la Jurisdicción ordinaria, como por la misma JEP, que permite atender los requerimientos concretos de comparecientes al sistema, de las víctimas directas e indirectas del conflicto y de la comunidad en general.

La operatividad del componente de justicia del sistema integral establece una limitación en su competencia respecto de tres factores, estos son, material, temporal y personal. En tal sentido, la JEP solo podrá conocer de los delitos políticos o conexos, así como de las graves violaciones a los derechos humanos y las graves infracciones al Derecho Internacional

74. Matías Camargo, Sergio. "La Justicia Especial para la Paz (JEP), sus avances y sus obstáculos". *Diálogos de Saberes*, 50, 27-37, 2019. https://doi.org/10.18041/0124-0021/dialogos.50.2019.5403.

Humanitario cometidas durante el conflicto armado. Del mismo modo, investigará solamente los delitos cometidos con anterioridad al 1º de diciembre de 2016 y, excepcionalmente, los que hayan sido perpetrados durante el proceso de dejación de armas de las Farc-EP. Finalmente, respecto al factor personal, se extiende la competencia a los ex integrantes de las Farc-EP, a los miembros de la fuerza pública, así como a los terceros (agentes del Estado y a los terceros civiles) y sobre las personas que hayan sido procesadas por protesta social. Los agentes del Estado y los terceros solo podrán comparecer de manera voluntaria[75].

Como principios generales que rigen el funcionamiento de la JEP, se encuentran:

- Centralidad de las víctimas: En todas las actuaciones de la JEP se tomarán en cuenta como ejes centrales estos derechos y la gravedad del sufrimiento infligido.
- Seguridad jurídica: Todas las decisiones de la JEP harán tránsito a cosa juzgada cuando estén en firme y se garantizará su inmutabilidad. El Tribunal para la Paz será el órgano de cierre de la JEP. Las decisiones de la JEP solo podrán ser invalidadas o dejadas sin efecto por el Tribunal para la Paz.
- Integralidad: La JEP hace parte del Sistema Integral, por ello deberá contribuir de manera efectiva, coherente y articulada con las demás medidas a la satisfacción de los derechos de las víctimas, la terminación el conflicto armado y el logro de una paz estable y duradera.

75. PALOMO, Diego, BUSTAMANTE, Mónica, TORO, Luis, MARÍN, Jorge, "Estudio de la prueba en la Jurisdicción Especial para la Paz (JEP) desde el debido proceso probatorio" Política Criminal, 15, N.º 30, 2020, 907-946. https://scielo.conicyt.cl/scielo.php?pid=S0718-33992020000200907&script=sci_arttext&tlng=en#fn16.

- Prevalencia: La JEP prevalecerá sobre las demás jurisdicciones por conductas cometidas en el contexto y debido al conflicto armado, al absorber la competencia exclusiva sobre dichas conductas[76].

En materia de responsabilidad, el acuerdo final determinó que todos los participantes en el conflicto debían asumir su responsabilidad por las graves violaciones e infracciones cometidas en razón o con ocasión de la confrontación armada, con un tratamiento de justicia que puede ser diferente pero equilibrado y equitativo. Señaló la posibilidad de atribuir responsabilidad tanto a los miembros de la fuerza pública como a los integrantes de la extinta guerrilla por los actos de sus subordinados, siempre que se demostrara un control efectivo de la respectiva conducta. Al hacer alusión a este aspecto respecto de la responsabilidad de los mandos de las FARC EP, agregó el acuerdo que no podría fundarse exclusivamente en el rango o jerarquía[77].

*La consagración normativa de la centralidad de las víctimas en la JEP*

Los diferentes componentes del SIVJRNR parten de la premisa fundante de la centralidad de las víctimas. El Acto Legislativo 01 de 2017 en su artículo transitorio 1° señala:

> *El Sistema Integral parte del principio de reconocimiento de las víctimas como ciudadanos con derechos; del reconocimiento de que debe existir verdad plena sobre lo ocurrido; del principio de reconocimiento de responsabilidad por parte de todos quienes participaron de manera directa o indirecta en el conflicto y se vieron involucrados de alguna manera en graves violaciones a los derechos humanos y graves infracciones al Derecho Internacional Humanitario; del principio de satisfacción de los derechos de las víctimas a la verdad, la justicia, la reparación y la no repetición.*
>
> (...)

76. Ley 1957 de 2019. Diario Oficial No. 50.976 de 6 de junio 2019. http://www.secretariasenado.gov.co/senado/basedoc/ley_1957_2019.html.
77. *Ibidem.*

*El Sistema Integral hará especial énfasis en medidas restaurativas y reparadoras, y pretende alcanzar justicia no solo con sanciones retributivas. Uno de los paradigmas orientadores de la JEP será la aplicación de una justicia restaurativa que preferentemente busca la restauración del daño causado y la reparación de las víctimas afectadas por el conflicto, especialmente para acabar la situación de exclusión social que les haya provocado la victimización. La justicia restaurativa atiende prioritariamente las necesidades y la dignidad de las víctimas y se aplica con un enfoque integral que garantiza la justicia, la verdad y la no repetición de lo ocurrido.*

*Los distintos mecanismos y medidas de verdad, justicia, reparación y no repetición, en tanto parte de un sistema que busca una respuesta integral a las víctimas, no pueden entenderse de manera aislada. Estarán interconectados a través de relaciones de condicionalidad y de incentivos para acceder y mantener cualquier tratamiento especial de justicia, siempre fundados en el reconocimiento de verdad y responsabilidades. El cumplimiento de estas condicionalidades será verificado por la Jurisdicción Especial para la Paz*[78] (*Subrayado fuera del texto original*).

El Sistema Integral adoptado en el acuerdo de paz es progresivo a favor de las víctimas, esto en cumplimiento de los compromisos internos adquiridos a su favor, así como lo ha expresado la Corte Constitucional, al establecer como prohibición expresa, en el marco de los ejercicios de justicia transicional, que las adopciones normativas vayan en contravía de los derechos de las víctimas a su reparación integral, entendiendo que tal concepto lleva implícito la garantía de los derechos a la verdad, justicia, reparación y garantías de no repetición, de tal manera que el Estado

*está obligado a investigar y juzgar las graves violaciones a los derechos humanos, sin dilación y en forma seria, imparcial y efectiva, con las obligaciones de reparación que conllevan la plena restitución (restitutio in integrum), la cual consiste en el restablecimiento a la situación anterior a la violación*[79].

78. Constitución Política de Colombia. Acto Legislativo 01 de 2017. Artículo Transitorio 1°.
79. Corte Constitucional. Sentencia C-469 de 2017.

La Corte Constitucional ha señalado adicionalmente, que los tratamientos especiales, beneficios, garantías, renuncias y derechos previstos en el Acto Legislativo 01 de 2017, se encuentran sujetos a la verificación por parte de la Jurisdicción Especial para la Paz, de todas las obligaciones derivadas del Acuerdo Final y, en particular, del cumplimiento de "(*v*) *la obligación de contribuir a la reparación de las víctimas, y en particular, a decir la verdad en relación con los procedimientos y protocolos para inventariar todo tipo de bienes y activos*" [80].

La Ley 1922 de 2018, por medio de la cual se adoptan las reglas de procedimiento para la JEP, no es ajena a el pilar objeto de estudio. Como resultado de ello se denomina el título primero del libro primero *"centralidad de los derechos de las víctimas"*.

Así mismo, las diferentes decisiones que han sido emitidas por los órganos que componen la JEP, han mostrado una resolución de los asuntos sometidos a su análisis a partir de la obligación de garantizar los derechos de las víctimas como elemento fundante del sistema, destacando que *"El legislador estatuyó entre los primeros principios del procedimiento ante la JEP los de garantizar la efectividad de la justicia restaurativa, asegurar la centralidad de las víctimas y propender a la eficacia del proceso transicional"*[81].

El órgano de cierre de la jurisdicción ha destacado el derecho de las víctimas a participar en los procedimientos judiciales que se surtan para resolver sobre la concesión de beneficios provisionales, toda vez que

> *(i) su participación cumple un rol decisivo en la garantía de sus demás derechos y la consolidación de la paz; (ii) están en una posición en la cual su conocimiento y experiencia puede contribuir a la consecución de los fines de la transición y su componente judicial, y (iii) este es un modelo de justicia transicional y restaurativo que busca su sanación*[82].

80. Corte Constitucional. Sentencia C-674 de 2017.
81. Jurisdicción Especial para la Paz, Auto TP-SA 019 de 2018, 21 de agosto de 2018.
82. Ver entro otras, Sentencia TP-SA-SENIT 1 de 3 de abril de 2019.

A juicio de la Sección, la intervención de las víctimas constituye el medio para reclamar importantes prerrogativas, pues "*Sin canales institucionales apropiados y suficientes a través de los cuales puedan narrar su historia y formular sus exigencias, difícilmente podrían las víctimas obtener justicia, verdad, reparación y no repetición*"[83], destacando además que:

> *El derecho a la participación se deriva de la centralidad que el AFP reconoció directamente a las víctimas, cuando resaltó la importancia de que ellas estuvieran siempre en el corazón de cada trámite judicial: "[e]n toda actuación del componente de justicia del SIVJRNR, se tomarán en cuenta como ejes centrales los derechos de las víctimas y la gravedad del sufrimiento [a ellas] infligido". Por su parte, la Corte Constitucional expresó que "la garantía de los derechos de las víctimas es el fundamento y finalidad esencial de la Jurisdicción Especial para la Paz", y que "el reconocimiento de [sus] derechos [...] conlleva la obligación de proteger su participación dentro de los procesos penales en el marco de la justicia transicional". De estas citas la SA resalta los verbos garantizar y proteger, para significar que la participación de las víctimas es un derecho en sí mismo y, en todo caso, el presupuesto para el disfrute de todos los demás*[84].

En ese sentido, la Sección de apelación refirió que la garantía de intervención de las víctimas establecida en las normas de procedimiento de la JEP fue ordenada directamente en el Acto Legislativo 01[85], de forma tal que:

> *La desatención de los derechos de las víctimas y la reducción de su participación corre el riesgo de tener un segundo efecto nocivo, como el de erosionar toda posibilidad para alcanzar la paz. Desoír sus reivindicaciones frustraría la reconciliación nacional y la convivencia pacífica, al dejar abiertas las fisuras que el conflicto produjo sobre el tejido social. Las víctimas no intervienen en el modelo transicional solo para obtener justicia en causa propia –que es por supuesto una necesidad de suma importancia. Son sujetos activos y, al igual que otros colombianos, tienen derecho a contribuir en la recomposición de una sociedad fragmentada. Para esto, necesitan un espacio de encuentro con sus agresores, que hasta donde ello sea posible sirva para construir un relato del pasado. De*

83. Jurisdicción Especial para la Paz, Sentencia TP-SA-SENIT 1 de 3 de abril de 2019.
84. Jurisdicción Especial para la Paz, Sentencia TP-SA-SENIT 1 de 3 de abril de 2019.
85. Ibidem.

*ese ejercicio, que deberá realizarse en el apropiado momento procesal, depende la reanudación de la convivencia pacífica. El proyecto de reconciliación estaría evidentemente incompleto sin la presencia de las víctimas. En su ausencia, no se podrá ni sembrar ni cosechar la paz*[86].

Los planteamientos esbozados por Sección de Apelación han sido acatados y desarrollados por las diferentes dependencias que componen la JEP, las cuales, han mostrado un desarrollo jurisprudencial autónomo en pro de garantizar una participación de las victimas atendiendo a sus particularidades concretas.

Obsérvese como dentro de la estructura interna de la jurisdicción se han fijado comités y dependencia encargadas de establecer protocolos de atención a víctimas que desarrollan, a manera de ejemplo, asuntos étnicos y de género que vienen siendo asumidos al momento de priorizar, seleccionar e implementar su ejecución por parte de los diferentes macro casos a los que ha dado apertura la Sala de Reconocimiento de Verdad, de Responsabilidad y de determinación de hechos y conductas.

En efecto, las diligencias de coordinación interjurisdiccional dispuestas por la aludida Sala muestran un reconocimiento de las características particulares de las víctimas del conflicto, al destacar que el acto de notificación no es meramente procedimental, sino que el mismo debe asegurar una comprensión de las decisiones en aras de materializar los derechos de los pueblos indígenas y en particular su derecho fundamental a la jurisdicción especial indígena[87].

Del mismo modo, las diferentes decisiones a través de las cuales se ha acreditado a las víctimas del conflicto dentro de los procedimientos adelantados por la JEP han destacado su derecho a participar en las actuaciones judiciales, toda vez que dicho ejercicio

86. Ibidem.
87. Ver, entre otras, Auto de 5 de julio de 2009, Caso 005.

*está directamente relacionada con los derechos a la verdad, a la justicia, a la reparación y a la no repetición: (i) es imprescindible para materializar el derecho a la justicia, pues constituye un componente del debido proceso ; (ii) desarrolla el derecho a la búsqueda verdad en el marco del respeto a la dignidad, a la honra y la memoria , (iii) es esencial para la reparación en un proceso de justicia restaurativa y (iv) genera un diálogo esencial para evitar la repetición de los hechos victimizantes*[88].

88. Jurisdicción Especial para la Paz. Sección de Ausencia de Reconocimiento. Auto No. 001 del 2020.

## 2. Concepto de víctimas colectivas

Aunque el concepto de víctima puede en algunos casos conllevar implícitos elementos subjetivos relacionados con el autorreconocimiento[89], existe consenso en referir como tal a toda aquella persona que sufre un daño, concepción que puede ser ampliada o restringida en casos específicos de acuerdo con el escenario, judicial o extrajudicial, que se ocupe del tema. Así, por ejemplo, en casos relacionados con la comisión de conductas punibles, ostenta la calidad de víctima tanto aquel en contra de quien recaiga la acción delictiva, como toda persona que directamente sufra daño a consecuencia mediata o inmediata de la infracción[90].

El reconocimiento de la calidad de víctima constituye el punto de partida para su participación en procesos sociales, políticos y judiciales, su nombramiento clarifica un momento histórico en particular[91], de forma tal

89. Delgado Barón, Mariana, "Las víctimas del conflicto armado colombiano en la Ley de Víctimas y Restitución de Tierras: apropiación y resignificación de una categoría jurídica". Perf. Latinoam, 23, n.° 46 2015, 121-145. http://www.scielo.org.mx/scielo.php?script=sci_arttext&pid=S0188-76532015000200005&lng=es&nrm=iso.
90. A través de la Sentencia C 250 de 2012 la Corte Constitucional Colombiana consideró que no era posible tener como perjudicado del delito solo a un grupo de familiares y solo por ciertos delitos, pues debía atenderse a que en muchos casos el grado de consanguinidad dejaba de ser el factor más relevante para definir la magnitud del daño causado. "Se requiere que haya un daño real, no necesariamente de contenido patrimonial, concreto y específico, que legitime la participación de la víctima o de los perjudicados en el proceso penal para buscar la verdad y la justicia"
91. Delgado Barón, Mariana, "Las víctimas del conflicto armado colombiano en la Ley de Víctimas y Restitución de Tierras", 126.

que dentro de una dinámica concreta puede tomar un papel preponderante y participar activa y conjuntamente por la reivindicación de sus derechos.

La noción de víctima en el contexto del sistema interamericano de derechos humanos implica el reconocimiento de una persona que ha sufrido una lesión a causa de la violación de uno o varios de sus derechos, en este caso, humanos. Bajo esta perspectiva, la Corte IDH ha creado un diseño para lograr ampliar dicho concepto, entendiendo que no solo es víctima quien sufre directamente el perjuicio y, en consecuencia, los daños, sino a aquellas personas que vinculadas a esa persona también se encuentran lesionadas en su esfera personal y material. En ese contexto, son víctimas los familiares más cercanos o inmediatos de la víctima directa. Sin embargo, conviene aclarar que en este escenario se presentan dos conceptos, presunta víctima y víctima. Teniendo en cuenta que la primera es quien alega haber sido lesionada y la segunda, la persona cuyos derechos ya han sido determinados por la Corte estableciendo violaciones en su detrimento[92].

A nivel internacional se han llegado a un consenso respecto a la definición de víctima, vinculada en la mayoría de los eventos a de violaciones de los derechos humanos o crímenes reprochables, sin embargo, no sucede lo mismo respecto al concepto de víctimas colectivas, pues si bien se alude a aquellas personas que han sufrido daños colectivamente, no se han establecido todos los elementos para definir quienes se encuentran incluidos dentro de dicho grupo poblacional.

La Asamblea General de las Naciones Unidas estableció respecto a la definición de víctimas que se entenderá como tal a:

> toda persona que haya sufrido daños individual o colectivamente, incluidas lesiones físicas o mentales, sufrimiento emocional, pérdidas económicas o menoscabo sustancial de sus derechos fundamentales, como consecuencia

92. Feria Tinta, Mónica, "La víctima ante la Corte Interamericana de Derechos Humanos a 25 años de su funcionamiento". *Revista IIDH*. https://www.corteidh.or.cr/tablas/R08060-4.pdf.

de acciones u omisiones que constituyan una violación manifiesta de las normas internacionales de derechos humanos o una violación grave del derecho internacional humanitario. Cuando corresponda, y en conformidad con el derecho interno, el término "víctima" también comprenderá a la familia inmediata o las personas a cargo de la víctima directa y a las personas que hayan sufrido daños al intervenir para prestar asistencia a víctimas en peligro o para impedir la victimización[93].

Para Catalina Díaz, en el capítulo que presentó sobre reparación colectiva en el libro "Reparar en Colombia: los dilemas en contextos de conflicto, pobreza y exclusión[94]", existen dos retos indispensables para definir las víctimas colectivas, primero, qué comunidades, grupos o colectivos calificarán como víctimas y segundo, "qué violaciones de los derechos humanos, qué afectaciones (secuelas o daños) o qué combinación de ambas serán consideradas relevantes para la calificación de víctima colectiva.".

La citada autora realiza un ejercicio importante de derecho comparado a efectos de delimitar el contenido y alcance de la acepción de víctima colectiva, para ello, hace referencia a dicho grupo en los casos de Perú y Marruecos. En el primer país citado, destaca la definición de los colectivos beneficiarios del programa de reparación colectiva recogida en la Ley 28592, en la que entendió como colectivos humanos favorecidos, a:

*las comunidades campesinas, comunidades nativas y otros centros poblados afectados por el conflicto armado interno. Para su identificación, la CVR recomienda los siguientes criterios (o una combinación de los mismos):*

93. Asamblea General de la Organización de las Naciones Unidas. "Principios y directrices básicos sobre el derecho de las víctimas de violaciones manifiestas de las normas internacionales de derechos humanos y de violaciones graves del derecho internacional humanitario a interponer recursos y obtener reparaciones". A/ RES/60/147, 24 de octubre de 2005, Principio 8.
94. ICTJ y Dejusticia. Reparar en Colombia: los dilemas en contextos de conflicto, pobreza y exclusión. 2009. Disponible en https://www.corteidh.or.cr/tablas/r25595.pdf

*· Concentración de violaciones individuales;*

*· Arrasamiento;*

*· Desplazamiento forzoso;*

*· Quiebre o resquebrajamiento de la institucionalidad comunal, utilizando los siguientes criterios:*

*- número de autoridades muertas, desplazadas y/o desaparecidas*

*- debilitamiento de las asambleas, juntas y otras modalidades de gobierno local*

*· Pérdida de infraestructura familiar, utilizando los siguientes criterios:*

*- pérdida de tierras y herramientas de trabajo*

*- pérdida de ganado - pérdida de vivienda*

*- pérdida de medios de transporte*

*· Pérdida de infraestructura comunal, utilizando los siguientes criterios:*

*- pérdida de locales comunales*

*- pérdida de infraestructura productiva comunal*

*- pérdida de infraestructura de comunicaciones (puentes, caminos, radios comunales, etc.)*

*- pérdida de infraestructura de servicios básicos (agua, energía, saneamiento, etc.).*

*b) a los grupos organizados de desplazados no retornantes provenientes de las comunidades afectadas, en sus lugares de inserción.*

Ahora, respecto al caso de Marruecos, recuerda que en el marco del programa de reparaciones comunitarias de dicho país se identificó cuatro tipos de regiones que serían consideradas como sujetos colectivos a efectos de reparación, las comunidades donde se habían establecido lugares y centros clandestinos de detención y tortura; las comunidades donde habían ocurrido sistemáticamente confrontaciones violentas; las comunidades donde se concentraba un número elevado de víctimas directas; y las comunidades o regiones que habían sufrido una suerte de castigo colectivo, vinculado a acontecimientos violentos probados[95].

En Colombia la delimitación del concepto de víctima no ha sido tarea fácil si en cuenta se tiene que el conflicto interno ha tocado sin excepción todo el territorio nacional, por lo que de una u otra manera sus habitantes podrían alegar una afectación directa o indirecta a sus derechos y garantías, sin embargo, tal apreciación no ha sido acogida en los escenarios judiciales pues desbordaría la posibilidad de acción del Estado en materia de justicia[96]. Es así como en los diferentes procedimientos se han establecido lineamientos claros que activan la posibilidad de protección y custodia tanto para hechos aislados o individuales como para los escenarios de victimización que afectan a grupos específicos, tales como campesinos, indígenas y poblaciones afrodescendientes.

Sobre el concepto de víctima la Corte ha partido por reconocer los diferentes esfuerzos que desde la institucionalidad se han hecho para logar una adecuada identificación, pues la intensidad y complejidad del conflicto armado interno han conllevado a complejizar dicha tarea. Cita como una fase inicial de regulación el Decreto 444 de 1993, que definió como víctimas "(...) *aquellas personas que sufren directamente perjuicios por razón de los atentados terroristas cometidos con bombas o artefactos explosivos que afecten en forma indiscriminada a la población.*"

Continuando con el estudio, recuerda que el artículo 18 de la Ley 104 de 1993, estableció que:

95. Catalina Díaz Gómez, Nelson Camilo Sánchez y Rodrigo Uprimny Yepes, eds., *Reparar en Colombia: Los dilemas en contextos de conflicto, pobreza y exclusión* (Bogotá: Centro Internacional para la Justicia Transicional, 2008), https://www.corteidh.or.cr/tablas/r25595.pdf.
96. Corte Constitucional de Colombia. Sentencia C 250 de 2012. https://www.alcaldiabogota.gov.co/sisjur/normas/Norma1.jsp?i=47773.

*(...) se entiende por víctimas aquellas personas que sufren perjuicios por razón de los atentados terroristas cometidos con bombas o artefactos explosivos, ataques guerrilleros y combates que afecten en forma indiscriminada a la población y masacres realizadas en forma discriminada por motivos ideológicos o políticos contra un grupo de población civil en el marco del conflicto armado interno.*

Mientras que el artículo 15 de la Ley 418 de 1997 en su artículo 15, señaló:

*(...) se entiende por víctimas de la violencia política, aquellas personas de la población civil que sufran perjuicios en su vida, o grave deterioro en su integridad personal o en sus bienes, por razón de atentados terroristas, combates, secuestros, ataques y masacres en el marco del conflicto armado interno. Son víctimas los desplazados en los términos del artículo 1o. de la Ley 387 de 1997*[97].

La Ley 1448 de 2011 en su artículo 3 establece que serán consideradas como víctimas "aquellas personas que individual o colectivamente hayan sufrido un daño por hechos ocurridos a partir del 1° de enero de 1985, como consecuencia de infracciones al Derecho Internacional Humanitario o de violaciones graves y manifiestas a las normas internacionales de los Derechos Humanos ocurridas con ocasión del conflicto armado interno", agregando que la condición de víctima se adquiere con independencia "de que se individualice, aprehenda, procese o condene al autor de la conducta punible y de la relación familiar que pueda existir entre el autor y la víctima". Sobre este contenido normativo, la Corte en Sentencia C-781 de 2012, expresó que el concepto de víctimas allí establecido, "tenía una naturaleza operativa, es decir, no definía su condición fáctica, puesto que lo pretendido era determinar su marco de aplicación y el universo de destinatarios de las medidas especiales de protección consagradas en el citado ordenamiento".

El órgano de cierre de la jurisdicción constitucional cuenta con un amplio desarrollo en materia de protección a víctimas en este escenario, demarcando el alcance y naturaleza de sus derechos dentro del proceso

97. Corte Constitucional de Colombia. Sentencia T-083 de 2018. https://www.corteconstitucional.gov.co/relatoria/2018/T-083-18.htm.

penal[98], determinando la exequibilidad de la Convención Interamericana sobre Desaparición Forzada de Personas hecha en Belem do Pará[99], del Estatuto de Roma de la Corte Penal Internacional[100], del Código Penal Militar[101], y estableciendo sus derechos cuando del delito de desplazamiento forzado se trata[102].

Respecto al deber genérico de salvaguarda establecido en la Constitución Política de 1991, se ha fijado por parte de la Corte un ámbito de protección concreto de las colectividades[103], que abarca entre otros derechos, la protección de las lenguas y los dialectos de los grupos étnicos[104], consulta previa frente a diversas situaciones[105], autonomía de las formas de gobierno, planeación y organización social, también co-

98. Corte Constitucional de Colombia. Sentencia C-228 de 2002. https://www.corteconstitucional.gov.co/relatoria/2002/c-228-02.htm.
99. Corte Constitucional de Colombia. Sentencia C-580 de 2002. https://www.corteconstitucional.gov.co/relatoria/2002/C-580-02.htm.
100. Corte Constitucional de Colombia. Sentencia C-578 de 2002. https://www.corteconstitucional.gov.co/relatoria/2002/C-578-02.htm.
101. Corte Constitucional de Colombia. Sentencia C-228 de 2003. https://www.corteconstitucional.gov.co/relatoria/2003/c-228-03.htm.
102. Corte Constitucional de Colombia. Sentencia C-025 de 2004. https://www.corteconstitucional.gov.co/relatoria/2004/t-025-04.htm.
103. Corte Constitucional de Colombia. Sentencia T-601 de 2016. https://www.corteconstitucional.gov.co/relatoria/2016/t-601-16.htm#:~:text=T%2D601%2D16%20Corte%20Constitucional%20de%20Colombia&text=El%20medio%20de%20defensa%20judicial,la%20culminaci%C3%B3n%20de%20procesos%20administrativos.
104. Constitución Política de Colombia, Artículo 10. http://www.secretariasenado.gov.co/senado/basedoc/constitucion_politica_1991.html.
105. Declaración de las Naciones Unidas sobre los Derechos de los Pueblos Indígenas y tribales. Convenio No. 169 de la OIT. Artículos 6, 15 y 16. https://www.ilo.org/wcmsp5/groups/public/---americas/---ro-lima/documents/publication/wcms_345065.pdf. Y, artículo 329 de la Constitución Política de Colombia.

nocido como libre autodeterminación[106]; establecimiento de los medios de control para el desarrollo de las instituciones e iniciativas de estos pueblos[107]; participación política nacional y regional[108]; garantía de un proceso educativo autónomo, de acuerdo a las aspiraciones etnoculturales de la comunidad[109]; subsistencia, tanto física como cultural y con respeto a sus usos y costumbres[110].

Respecto a las víctimas colectivas, la citada Ley 1448, así como los Decretos Ley 4633, 4634 y 4635 de 2011 establecen un conjunto de medidas a su favor, tales como la reparación por el daño infringido, además, de dichos textos es posible colegir la inclusión en este grupo poblacional, de las comunidades campesinas, barriales, pueblos étnicos y organizaciones sociales, preexistentes al hecho dañoso colectivo, en la medida en que a través de esta se hayan transformado sus elementos característicos como agrupación, en razón a vulneraciones graves a los derechos humanos, todo ello, en el contexto del conflicto armado[111].

El Ministerio del Interior de Colombia elaboró una guía práctica de reparación colectiva en la que se ocupó de definir el daño colectivo como aquellas afectaciones que a causa del conflicto armado sufren comunidades, grupos u organizaciones que conservan formas vigentes de

106. Constitución Política de Colombia. Artículos 176 y 330. http://www.secretariasenado.gov.co/senado/basedoc/constitucion_politica_1991.html.
107. Convenio 169 de la OIT. Artículo 6.
108. Convenio de la OIT Artículo 7 y artículo 176 de la Constitución Política de Colombia.
109. Ley 70 de 1993, Artículo 32. http://www.secretariasenado.gov.co/senado/basedoc/ley_0070_1993.html.
110. Constitución Política de Colombia. Artículo 7. http://www.secretariasenado.gov.co/senado/basedoc/constitucion_politica_1991.html. Ver también Sentencias T-680 de 2012 y T-969 de 2014.
111. Unidad para la Atención y Reparación Integral a las Víctimas. https://www.unidadvictimas.gov.co/es/atencion-asistencia-y-reparacion-integral/reparacion-colectiva/119.

afectación. Para estos fines enfatiza en que el daño colectivo no puede ser considerado la sumatoria del daño individual, citando para ejemplificar dicha diferenciación que "con la destrucción de una escuela no solo se afecta a los estudiantes actuales, sino a toda la comunidad que habría podido beneficiarse del servicio de educación en el futuro[112]".

La Ley de víctimas (Ley 1448 de 2011) fijó como sujetos de reparación los aludidos colectivos de personas, esto es, las comunidades, grupos sociales y políticos y organizaciones, y aunque la misma no se ocupó de definirlos, dicha tarea ha sido desarrollada por la jurisprudencia y por la unidad para la atención y reparación integral a las víctimas. En tal sentido, se entiende por comunidad, todo grupo de personas con prácticas culturales comunes, formas de enseñanza y cosmovisión que los unen e identifican, además comparten un territorio e intereses comunes y se encuentran latentes fuertes lazos de solidaridad[113]. Las organizaciones por su parte son igualmente agrupaciones de personas con fines comunes "que cuentan con una regulación interna de funcionamiento, un mecanismo de solución de disputas y tienen una vida pública[114]". Finalmente, por grupo se entiende conjuntos de personas "que se relacionan o se asemejan entre sí[115]". Para efectos de la reparación colectiva basta que las personas que forman parte de la agrupación se reconozcan como parte de dicho colectivo.

El centro nacional de memoria histórica se ha ocupado a través de sus diferentes informes de hacer énfasis en la afectación de los grupos étnicos en Colombia, estudiando para ello fenómenos como el desplazamiento forzado que atribuye, entre otras causas, a los intereses rentistas

112. Unidad para la Atención y Reparación Integral a las Víctimas. *Guía práctica de práctica de reparación colectiva*, 15. https://gapv.mininterior.gov.co/sites/default/files/cartilla_guia_reparacion_colectiva_uariv_mininterior.pdf.

113. *Ibidem*

114. *Ibidem*

115. *Ibidem.*

de los actores armados que se favorecen por el éxodo[116]. Esta situación igualmente ha sido reconocida por la Corte Constitucional al constatar los daños y afectaciones de los que han sido víctimas estos grupos poblacionales que en algunos eventos no se miden solamente en términos cuantitativos sino de la destrucción de lazos comunitarios [117], poniéndose en grave riesgo la permanencia de los pueblos y comunidades indígenas, afrodescendientes, negras, raizales, palenqueras y del pueblo gitano.

El conflicto armado interno en Colombia ha conllevado en algunos eventos a la desaparición de pueblos y colectivos enteros, con los hechos violentos acaecidos en sus territorios se han visto obligadas las comunidades a abandonar sus predios y su proyecto de vida, ante estas movilizaciones se presentan en la mayoría de los casos la desintegración de la unidad familiar y grupal.

Dentro de las citadas colectividades afectadas por la violencia, igualmente se ha construido el concepto de víctima a partir de sus realidades concretas, las cuales han sido recogidas por el gobierno nacional a efectos de atender los aspectos indispensables para una adecuada atención a la problemática, así, la guía para la atención y reparación integral de las víctimas, se ocupó de exponer la concepción que para las comunidades indígenas, pueblos Rrom y comunidades afrocolombianas se ha construido sobre esta acepción, teniendo como base el sujeto colectivo, el territorio y el sujeto individual.

116. Centro Nacional de Memoria Histórica. *Una nación desplazada: informe nacional del desplazamiento forzado en Colombia.* (Bogotá: CNMH-UARIV, 2015), 391 http://www.centrodememoriahistorica.gov.co/descargas/informes-accesibles/una-nacion-desplazada_accesible.pdf.

117. Corte Constitucional de Colombia. Sentencia Autos 004 y 005 de 2009. https://www.corteconstitucional.gov.co/relatoria/autos/2009/a005-09.htm.

**Gráfico 1.**

| Definición de víctima | | | |
|---|---|---|---|
| | **Indígenas** | **Pueblo Rrom** | **Comunidades Afrocolombianas** |
| **Sujeto colectivo** | Pueden ser un pueblo, una comunidad, o un conjunto de comunidades pertenecientes a uno o varios pueblos. | El pueblo Rrom o Gitano y cada una de las Kumpania. | Las comunidades negras, afrocolombianas, raizales y palenqueras. |
| **Territorio** | El territorio, teniendo en cuenta el vínculo especial que lo une a la comunidad según las distintas cosmovisiones. | Se aplica la noción de tierras y procedimientos de la Ley 1448 de 2011, considerando que lo esencial para este pueblo es el libre tránsito. Se protegen predios individuales o de Kumpania específicas, según cada caso. | Aunque no se define formalmente el territorio como víctima, el artículo 40 del Decreto Ley Étnico 4635 de 2011 reconoce la estrecha relación entre el territorio y las comunidades. |
| **Sujeto individual** | Cada integrante individualmente considerado. | | |

**Fuente:** Unidad para la atención y Reparación Integral a las víctimas[118].

En este sentido, ostenta la calidad de sujeto colectivo, un pueblo, una comunidad o un conjunto de comunidades, para los cuales el territorio

118. Unidad para la Atención y Reparación Integral a las Víctimas. *Guía para la orientación adecuada a las víctimas pertenecientes a grupos étnicos.* https://gapv.mininterior.gov.co/sites/default/files/guia_decretos_ley_etnicos.pdf.

cuenta con un vínculo especial según las distintas cosmovisiones. Del mismo modo, y para efectos de complementar el concepto de víctima, la legislación nacional ha destacado lo que para estas colectividades implicaba un daño, aspecto que permitió entender la riqueza cultural del país, que se mantiene y se esfuerza por sobrevivir, inclusive, en escenarios tan hostiles como el del conflicto armado interno.

De esta forma, se concluyó que el daño puede resultar de la afectación o vulneración de los derechos fundamentales y colectivos especiales de los grupos étnicos, los cuales con frecuencia pueden consistir en la lesión a la cultura propia, el derecho propio, la tierra y el territorio, la consulta previa y la participación.

**Gráfico 2.**

| Definición de daño | | |
|---|---|---|
| **Indígenas** | **Pueblo Rrom** | **Comunidades Afrocolombianas** |
| Daño a la integridad cultural: La afectación y profanación de origen externo sobre los sistemas de pensamiento, organización y producción que son fundamento identitario, otorgan sentido a la existencia individual y colectiva, y diferencian de otros pueblos. | Daño a la integridad étnica y cultural:<br>1. Pérdida o deterioro de capacidad para la reproducción cultural y la conservación y transmisión intergeneracional de identidad.<br>2. Pérdida de la capacidad laboral.<br>3. Limitación e impedimento del ejercicio de las actividades identitarias de los Rrom como son la itinerancia, la transhumancia o nomadismo y pérdida de capacidad de locomoción. | Daño a la integridad cultural:<br>1. Pérdida o deterioro de la capacidad para la reproducción cultural y la conservación y transmisión intergeneracional de identidad.<br>2. Imposibilidad de desarrollar o transmitir sus saberes ancestrales.<br>3. Afectaciones a los derechos territoriales, el patrimonio cultural y simbólico |

| | 5. Desplazamiento forzado invisibilizado.<br>6. Quebrantamiento y debilitamiento de sus formas organizativas.<br>7. Afectaciones al ámbito material y los sistemas simbólicos o de representaciones que configuran el ámbito intangible y espiritual como fundamento identitario. | cultural y simbólico de las comunidades, las formas de organización, producción y representación propias.<br>4. Afectación a los elementos materiales y simbólicos sobre los que se funda la identidad étnica cultural. |
|---|---|---|

**Fuente:** Unidad para la atención y Reparación Integral a las víctimas[119].

A efectos de la representación de las víctimas colectivas como sujetos de derechos, normativamente se ha establecido que dicha facultad debe ser ostentada directamente por sus autoridades, lo cual resulta de gran importancia para dar trámite a las medidas de asistencia, atención y reparación integral, no obstante que su construcción obedece a un dialogo o proceso de interlocución con la autoridades reconocidas, sin que a estas se les pueda exigir prueba de su representación, pues constituye una tarea de las entidades que requieran dicha información.

De esta forma, respecto a las comunidades indígenas, las alcaldías de los territorios de origen, así como la dirección de asuntos indígenas, Rrom y Minorías, disponen de la información sobre su representación, pues conforme a lo establecido en el artículo 3 de la Ley 89 de 1890[120],

119. Unidad para la Atención y Reparación Integral a las Víctimas. *Guía para la orientación adecuada a las víctimas pertenecientes a grupos étnicos*. https://gapv.mininterior.gov.co/sites/default/files/guia_decretos_ley_etnicos.pdf.

120. Ley 89 de 1890. https://www.mininterior.gov.co/sites/default/files/4_ley_89_de_1_8_9_0.pdf.

los cabildos indígenas se posesionan ante la comunidad y las actas se registran ante el alcalde de cada municipio.

Por su parte, los pueblos Rrom, sus autoridades y organizaciones son las competentes para expedir certificados en el evento que sean solicitadas, dicha información igualmente se encuentra contenida en la dirección de asuntos indígenas, Rrom y Minorías del Ministerio del interior.

La titularidad del derecho a la declaración de un hecho victimizante, desde el escenario colectivo, varía según el grupo étnico, siendo de esta forma para grupos indígenas, las autoridades tradicionales, asociaciones de cabildos, autoridades indígenas o gobernadores de cabildos, organizaciones indígenas, el ministerio público en razón a su función de garante de los derechos de la sociedad y finalmente un miembro de la comunidad distinto del representante o la autoridad indígena. Con relación a los pueblos Rrom la declaración se efectúa por el representante de la Kumpia correspondiente o por cualquier miembro de la comunidad en los eventos en que la autoridad no la pueda llevar a cabo, tal como sucede en el caso de las comunidades afrocolombianas.

Los postulados en mención se relacionan con la solicitud de registro, en los que aplica un plazo máximo de cuatro años a partir de la promulgación de los decretos ley étnicos, sin embargo, en diferentes escenarios varía el término y los requisitos, en razón a las particularidades de los mismo, como sucede en los procedimientos surtidos ante las Salas y Secciones de la Jurisdicción Especial para la Paz.

## 2.2. MARCO NORMATIVO DE PROTECCIÓN DE LAS VÍCTIMAS COLECTIVAS DEL CONFLICTO ARMADO EN COLOMBIA, ESCENARIOS DE JUSTICIA TRANSICIONAL

En los ejercicios de justicia transicional que ha adelantado Colombia en las últimas dos décadas, se han expedido un importante número de leyes y decretos que pretenden garantizar la efectividad de los derechos de las víctimas del conflicto armado, sin embargo, si de trazar una línea de tiempo que determinara el marco normativo y jurisprudencial de protección [121] a las víctimas colectivas, podríamos señalar como normas relevantes:

* Ley 387 de 1997[122]. (Reglamentada por los Decreto 2569 de 2000, Decreto 951 de 2001, Decreto 2562 de 2001, Decreto 2007 de 2001, y Decreto 3777 de 2003)

Adopta medidas para la prevención del desplazamiento forzado; la atención, protección, consolidación y estabilización socioeconómica de los desplazados internos por la violencia. Para esta finalidad, en su artículo primero se ocupa de señalar que ostenta la calidad de desplazado, toda persona que se ha visto forzada a migrar, dentro del territorio nacional, abandonando su lugar de residencia o actividades económicas habituales, porque su vida, su integridad física, su seguridad o libertad personales han sido vulneradas o se encuentran directamente amenazadas por el conflicto armado interno, disturbios y tensiones interiores, violencia generalizada, violaciones masivas de los Derechos Humanos, infracciones al Derecho Internacional Humanitario.

Para algunos autores, aunque esta ley implicó un avance en materia de reconocimiento de derechos para las víctimas del conflicto, concretamente las que adquirieron tal estatus en razón del fenómeno del desplazamiento forzado, la señalan de no haber asumido estrategias adecuadas para afrontar necesidades propias de la comunidad, ya que a su juicio, se limitó a brindar una información y a identificar a personas como usuarios de los servicios y programas, sin proporcionarles una efectiva y adecuada participación en la construcción de los procesos[123].

121. Ministerio del Interior, Unidad para las Víctimas, *Línea de tiempo.*

122. Ley 387 de 1997. Diario Oficial No. 43.091. http://www.secretariasenado.gov.co/senado/basedoc/ley_0387_1997.html.

123. Aguilera Torrado, Armando. "Análisis de la ley 387 de 1997: su impacto psicosocial en la población desplazada". *Reflexión Política*, 10. https://revistas.unab.edu.co/index.php/reflexion/article/view/844.

Del mismo modo, se señala que se limitó a establecer una atención primaria del desplazado pues las medidas que allí dispuso dedican su esfuerzo a las necesidades básicas, fase inicial de atención, sin que refiriera mecanismos a mediano y largo plazo para transformar los problemas estructurales de este fenómeno social[124].

Si bien esta ley implicó una gran responsabilidad en la política pública del Estado, previo a ellas existían mecanismos de articulación para la protección de las víctimas de la violencia, derivados estos de los diferentes pronunciamientos de la Corte Constitucional, que conllevaron al establecimiento de obligaciones para las diferentes institucionales gubernamentales.

A través de la Sentencia C-278 de 2007[125], la Corte Constitucional elimina el término máximo para la atención humanitaria de emergencia fijado en la Ley 387 de 1997, pues asegura el mismo debe ser flexible, de tal suerte que se podrá prorrogar hasta que el afectado esté en condiciones de asumir su autosostenimiento. A través de esta decisión se recuerda que el estatus de desplazado y por consiguiente víctima del conflicto, no depende del paso del tiempo, sino de una condición material, por lo que los programas solo pueden iniciarse cuando exista plena certeza de que el desplazado tiene satisfecho su derecho a la subsistencia mínima.

Luego de la promulgación de esta ley, vale la pena destacar, sin entrar a profundizar en su contenido, el Decreto 2007 de 2001 que reglamentó

124. AGUILERA TORRADO, A. Análisis de la ley 387 de 1997: su impacto psicosocial en la población desplazada. *Reflexión Política. Pág. 10.* Disponible en https://revistas.unab.edu.co/index.php/reflexion/article/view/844

125. CORTE CONSTITUCIONAL DE COLOMBIA. Sentencia C - 278 de 2007. Disponible en https://www.corteconstitucional.gov.co/relatoria/2007/c-278-07.htm#:~:text=%E2%80%9CLEY%20387%20DE%201997&text=(julio%2018)-,Por%20la%20cual%20se%20adoptan%20medidas%20para%20la%20prevenci%C3%B3n%20del,en%20la%20Rep%C3%BAblica%20de%20Colombia.

sus artículos 7, 17 y 19, en lo referente a la oportuna atención a la población rural desplazada por la violencia, "en el marco de retorno voluntario a su lugar de origen o de su reasentamiento en otro lugar[126]". De igual forma, el Decreto 250 de 2005[127] que contiene el plan nacional de atención integral a la población desplazada por la violencia, estableció un procedimiento para determinar las entidades responsables sectorialmente de las estrategias de intervención en el marco del sistema.

El Decreto 1290 de 2008[128], por su parte, creó el Programa de Reparación Individual por vía Administrativa para las víctimas de los grupos armados organizados al margen de la ley, estableciendo una serie de medidas de reparaciones individuales a favor de las personas que con anterioridad a su expedición hubieren sufrido violación en sus derechos fundamentales por acción de los grupos armados organizados, este decreto fue derogado por el artículo 297del Decreto 4800 de 2011[129], el cual establece los mecanismos para la adecuada implementación de las medidas de asistencia, atención y reparación integral a las víctimas.

*Ley 1190 del 30 de abril del 2008.

Por medio de la cual el Congreso de la República declara el 2008 como el año de la promoción de los derechos de las personas desplazadas por la violencia. A partir de la vigencia de la presente ley el Consejo Nacional para la Atención Integral a la Población Desplazada por la

126. Decreto 2007 de 2001. Diario Oficial No. 44564 de 27 de septiembre de 2001. Disponible en: https://www.unidadvictimas.gov.co/sites/default/files/documentosbiblioteca/decreto-2007-de-2001.pdf

127. Decreto 250 del 7 de febrero de 2005. Disponible en https://www.funcionpublica.gov.co/eva/gestornormativo/norma_pdf.php?i=15909

128. Decreto 1290 del 22 de abril de 2008. Disponible en https://www.unidadvictimas.gov.co/sites/default/files/documentosbiblioteca/decreto1290del22deabril2008.pdf

129. Decreto 4811 del 20 de diciembre de 2011 https://www.unidadvictimas.gov.co/sites/default/files/documentosbiblioteca/decreto4800reglamentarioleyvictimas.pdf

Violencia "Cnaipd", coordinará con los comités departamentales, municipales y distritales, las acciones dirigidas a garantizar el compromiso de los entes territoriales en el cumplimiento y materialización de los derechos de la población desplazada por la violencia que se encuentren en sus respectivas jurisdicciones.

* Ley 1448 de 2011.

Contiene un conjunto de medidas judiciales, administrativas, sociales, individuales y colectivas, en beneficio de las personas que, individual o colectivamente, hayan sufrido un daño por hechos ocurridos a partir del 1º de enero de 1985, como consecuencia de infracciones al Derecho Internacional Humanitario o de violaciones graves y manifiestas a las normas internacionales de Derechos Humanos, ocurridas con ocasión del conflicto armado interno. La citada Ley 1448 de 2011 dicta medidas de atención, asistencia y reparación integral a las víctimas del conflicto armado interno, siendo desarrollo de los postulados que previamente fueron emitidos en materia de reparación para este grupo poblacional, pues el Fondo que persigue dicha finalidad fue creado por el artículo 54 de la Ley 975 de 2005, ocupándose la primera de las citadas de adicionar sus fuentes. Estas normas hacen parte del llamado marco jurídico de protección a las víctimas individuales y colectivas del conflicto.

La ley establece una conceptualización de justicia transicional[130], víctima[131], derecho a la verdad[132], a la justicia[133] y derecho a la reparación integral[134], además de un sistema adecuado de articulación, pues señala la obligación para el gobierno nacional, como para las autoridades territoriales, rama judicial y órganos de control, de cumplir en la medida de sus funciones, con el proceso de reconocimiento de los derechos de la

130. Artículo 8.
131. Artículo 3.
132. Artículo 23.
133. Artículo 24.
134. Artículo 25.

población desplazada, buscando la culminación adecuada de los procesos de reparación y restitución, con modelos de atención administrativa y aplicación de justicia, complementando los ya existentes dentro de un marco de justicia transicional.

En materia de reparación, la ley se ocupa de definirla como un derecho que comprende "las medidas de restitución, indemnización, rehabilitación, satisfacción y garantías de no repetición, en sus dimensiones individual, colectiva, material, moral y simbólica. Cada una de estas medidas será implementada a favor de la víctima dependiendo de la vulneración en sus derechos y las características del hecho victimizante," esto dentro de un marco de sostenibilidad fiscal que debía ser diseñado por el propio estado.

El concepto de reparación allí contenido conlleva a que la misma sea desarrollada de manera integral, comprendiendo los aspectos básicos que permitan a las víctimas dignificar su calidad de persona, por ello, los mecanismos deben responder a un enfoque individual, colectivo, moral, simbólico y colectivo.

Las medidas de reparación en lo relacionado a la restitución de tierras son obtenidas a través de un proceso de carácter administrativo y judicial, adelantado ante la Unidad Administrativa Especial de Gestión de Tierras Despojadas, tal como lo establece el artículo 103 de la ley, y concluyen con la restitución de los predios o una compensación, la cual también puede ser reconocida para todos los que logren demostrar buena fe exenta de culpa y se encuentren ocupando los bienes objeto de proceso.

El previamente citado Decreto 4800 de 2011,reglametnario de la Ley 1448, en materia de reparación (i) otorgó la responsabilidad del programa a la Unidad Administrativa para la Atención y Reparación Integral a las Víctimas —UARIV—, (ii) instituyó como criterios orientadores la naturaleza y el impacto del hecho victimizante, el daño causado y el estado de vulnerabilidad actual de la víctima, desde un enfoque diferencial, (iii) creó los montos a entregar a las víctimas dependiendo del hecho que causó la vulneración y (iv) estableció el procedimiento que deberían seguir las víctimas para solicitar el reconocimiento de la indemnización por vía administrativa[135].

De acuerdo con lo establecido en la Ley, los procesos de restitución de tierra conllevan:

- Reclamaciones de restitución de tierras que pueden ser tramitados ante:
- Unidad de restitución
- Salas de restitución
- Ganadores del juicio podrán obtener:
- Restitución
- Compensación por imposibilidad de restitución física

La Corte Constitucional ha emitido múltiples pronunciamientos en torno a la Ley 1448 de 2011[136], la cual ha reconocido como un marco general de protección y garantía de los derechos fundamentales de las víctimas del conflicto armado interno[137], pues regula la atención, asistencia, reparación integral por vía administrativa y establece las condiciones de acceso a los beneficios allí enlistados[138].

135. Corte Constitucional de Colombia. Sentencia T-083 de 2017. https://www.corteconstitucional.gov.co/relatoria/2017/T-083-17.htm.
136. Ley 1448 de 2011: "Por la cual se dictan medidas de atención, asistencia y reparación integral a las víctimas del conflicto armado interno y se dictan otras disposiciones", http://www.secretariasenado.gov.co/senado/basedoc/ley_1448_2011.html.
137. Corte Constitucional de Colombia. Sentencia C 274 de 2018. https://www.corteconstitucional.gov.co/relatoria/2018/T-274-18.htm.
138. El artículo 3 de esta ley reconoce como víctimas, "a las personas que individual o colectivamente hayan sufrido un daño como consecuencia de graves violaciones a los derechos humanos o infracciones al Derecho Internacional Humanitario, ocurridas con ocasión del conflicto armado interno".

La citada ley busca, además de una indemnización dineraria, lograr la restitución de las tierras despojadas a causa del conflicto, para ello establece el procedimiento para la efectiva devolución de los inmuebles despojados o abandonados, recuérdese que las dinámicas de la confrontación interna conllevaron una persecución directa, tanto el apoderamiento de predios, como su consecuente abandono por temor o amenazas.

El Tribunal Constitucional ha reconocido la reparación integral como un derecho constitucional en razón a que

> 1) busca restablecer la dignidad de las víctimas a quienes se les han vulnerado sus derechos constitucionales; y 2) por tratarse de un derecho complejo que se interrelaciona con la verdad y la justicia, que se traduce en pretensiones concretas de restitución, indemnización, rehabilitación, medidas de satisfacción y no repetición[139].

La ley adopta mecanismos expeditos para evitar que las víctimas se vean sometidas a procesos judiciales largos, la indemnización, en consecuencia, es el producto de tratamientos de rehabilitación para las afectaciones sufridas, todo enmarcado dentro de los principios de dignidad, colaboración armónica, buena fe, igualdad, enfoque diferencial, participación conjunta, sostenibilidad, progresividad y gradualidad.

La implementación de la Ley 1448, estableció la obligación para el Estado de definir los recursos para la ejecución escalonada de la política de víctimas, tanto individuales como colectivas, este postulado se traduce en el principio de progresividad contenido en su artículo 17, al señalar el compromiso para "iniciar procesos que conlleven al goce efectivo de los Derechos Humanos, obligación que se suma al reconocimiento de unos contenidos mínimos o esenciales de satisfacción de esos derechos que el Estado debe garantizar a todas las personas, e ir acrecentándolos

139. Corte Constitucional de Colombia. Sentencia T-083 de 2017. https://www.corteconstitucional.gov.co/relatoria/2017/T-083-17.htm.

paulatinamente"[140], para asegurar la sostenibilidad de la norma por el tiempo que fuera establecida, que en principio era 10 años.

El documento de política pública, CONPES 3712 de 2011, al referirse a la implementación de la ley, desarrolla los principios fiscales de progresividad, gradualidad y sostenibilidad, señalando que los mismos buscan garantizar que las medidas adoptadas no pongan en riesgo la estabilidad fiscal y macroeconómica del país. Por tal razón, la atención humanitaria a la población desplazada se enmarca dentro de tres etapas, a saber: i) atención inmediata, ii) atención humanitaria de emergencia, y iii) atención humanitaria de transición.

La atención humanitaria inmediata fue definida por el artículo 63 de la ley, como la ayuda humanitaria adjudicada a aquellas "personas que manifiestan haber sido desplazadas y que se encuentran en situación de vulnerabilidad acentuada y requieren de albergue temporal y asistencia alimentaria". La atención humanitaria de emergencia, por su parte, se encuentra contenida en el artículo 64 como la ayuda concedida a una persona o grupo de personas, una vez se ha expedido el acto administrativo que las incluye en el Registro Único de Víctimas, de acuerdo con el grado de necesidad y urgencia respecto de su subsistencia mínima; y finalmente, la atención humanitaria de transición es la entregada a la población incluida en el registro único de víctimas que carecen de los elementos necesarios para su subsistencia mínima, pero no son acreedores de la atención humanitaria de emergencia[141].

La ley establece además medidas de satisfacción que incluyen actos de conmemoración, petición de perdón público y todas aquellas que de manera simbólica contribuyan a la dignificación de las víctimas del conflicto, incluyéndose dentro de las mismas en el documento CONPES los trabajos de exhumación del Instituto de Medicina Legal y Ciencias Forenses.

140. Ley 1448 de 2011. Diario Oficial 51544 de 31 de diciembre de 2020.
141. Artículo 65.

Para el tema que nos ocupa, la ley refiere reparación de carácter colectiva para: i) grupos y organizaciones sociales y políticos; ii) comunidades determinadas a partir de un reconocimiento jurídico, político o social que se haga del colectivo, o debido a la cultura, la zona o el territorio en el que habitan con un propósito común[142].

Vale la pena destacar, que durante la vigencia de la Ley 1448 se ha consolidado el Registro Único de Víctimas (RUV) y al primero de mayo de 2020 han sido incluidas 9.005.319 personas, de las cuales fueron reparados 16 sujetos colectivos, segregados en grupos, comunidades étnicas y organizaciones[143].

* Documento de política pública, CONPES 3712 de 2011[144]

Establece el plan de financiación para la sostenibilidad de la Ley 1448 de 2011, además, como lo fuera señalado, refiere los lineamientos de gradualidad y progresividad que involucren el desarrollo efectivo de la ley.

El documento fue elaborado por el Ministerio de Hacienda y Crédito Público, el Departamento Administrativo para la Prosperidad Social, el Ministerio de Justicia y del Derecho y el Departamento Nacional de Planeación. Parte del reconocimiento de que dentro del plan nacional de desarrollo 2010- 2014 se encuentra contenido como uno de sus pilares fundamentales, el respeto de los derechos humanos, derecho internacional humanitario y la justicia transicional, por lo cual propone que las medidas que en estos escenarios se lleven a cabo, constituyan efectivamente una herramienta para lograr la paz y la reconciliación nacional.

142. Artículo 142.

143. Movimiento Nacional de Víctimas de Crímenes de Estado. *Opinión ley de víctimas nueve años: más pena que gloria.* https://movimientodevictimas.org/opinion-ley-de-victimas-9-anos-mas-pena-que-gloria/.

144. CONPES 3712 de 2011. Plan de financiación para la sostenibilidad de la Ley 1448 de 2011. https://www.mininterior.gov.co/sites/default/files/Gactv/Normatividad/conpes_3712_de_2011.pdf.

Este documento presenta dentro de sus antecedentes, un importante recuento de los aspectos fundantes de la Ley 1448, además de establecer la metodología para estimar el universo de víctimas y los costos asociados a su implementación, destacando con base en lo establecido en su artículo 3, que los hechos que enmarcan las violaciones de DDHH e infracciones al DIH, son el homicidio, desaparición forzada; secuestro; lesiones personales y psicológicas que pueden o no producir incapacidades permanentes; tortura; delitos contra la libertad e integridad sexual; reclutamiento ilícito de niños, niñas y adolescentes; y desplazamiento forzado.

De acuerdo con la estimación del número de víctimas que dicho documento contiene se evidencia que el plan de financiación involucra ochocientos treinta mil hechos victimizantes, "de los cuales 618 mil están asociados únicamente al delito de desplazamiento forzado, 134 mil casos de otros hechos victimizantes y 78 mil que fueron simultáneamente víctimas del desplazamiento forzado y otro hecho victimizante."

* Decreto Ley 4633 de 2011[145]

Establece medidas de asistencia, atención, reparación y de restitución de derechos territoriales a las víctimas pertenecientes a los pueblos y comunidades indígenas como sujetos colectivos y a sus integrantes individualmente considerados.

Este decreto fue producto de un dialogo de saberes entre el gobierno nacional y los gobiernos indígenas, allí se llegaron a diferentes acuerdos dentro de los que se destaca el establecimiento de un procedimiento excepcional para la realización de una consulta previa, así como la inclusión del artículo 205 en el proyecto. En el ejercicio de la consulta se estableció que para los pueblos indígenas el concepto de víctimas debe nacer desde una perspectiva cultural, que tenga en cuenta las afectaciones sufridas por la población durante la historia de Colombia, pues

145. Decreto Ley 4633 de 2011. Diario Oficial 48278. https://www.alcaldiabogota.gov.co/sisjur/normas/Norma1.jsp?i=44966

el conflicto armado interno constituye una faceta más de la violencia histórica que ha provocado la desaparición y el exterminio de culturas milenarias y tiene en peligro de extinción a otras tantas.

Como enseñanzas adicionales al proceso de diálogos, se entendió que junto a las afectaciones individuales los pueblos indígenas han sufrido daños colectivos que requieren ser atendidos en sus características concretas. Adicionalmente se puedo entender la inclusión del territorio como víctima debido a la importancia que este representa para los diferentes pueblos; se profundizó en el conocimiento que tenían los grupos indígenas sobre la estructura del Estado, situación que permitió acuerdos sobre la delimitación temporal de la reparación integral y restitución[146].

* Decreto ley 4634 de 2011[147]

Establece medidas de asistencia, atención, reparación integral y restitución de tierras a las víctimas pertenecientes al pueblo Rrom o Gitano. La ley señala en su artículo primero que las medidas de asistencia, atención y reparación para el pueblo Rrom y las Kumpañy como sujetos colectivos, además de un enfoque diferencial y acciones afirmativas, "garantizarán el derecho a la integridad cultural, la igualdad material y la pervivencia física y cultural. Estas medidas deberán implementarse con la participación de las autoridades y representantes registrados legalmente, así como organizaciones propias del pueblo Rrom, con el fin de respetar el sistema jurídico de la Kriss Rromaní, la organización social y el sistema de valores y creencias propios del pueblo Rrom o Gitano.".

De mismo modo, la ley cataloga como víctimas al pueblo Rrom o Gitano, las Kumpañy (como sujetos colectivos de derechos cuando se les hayan vulnerado sus derechos fundamentales y colectivos especiales) y, a

146. Decreto Ley de Víctimas 4633 de 2011. https://www.acnur.org/fileadmin/Documentos/BDL/2014/9739.pdf.

147. Decreto ley 4634 de 2011. Diario Oficial No. 48.278. http://www.secretariasenado.gov.co/senado/basedoc/decreto_4634_2011.html.

sus miembros individualmente considerados, que hayan sufrido un daño en los términos definidos en este decreto por hechos ocurridos a partir del 1° enero de 1985, como consecuencia de infracciones al Derecho Internacional Humanitario o de violaciones graves y manifiestas a las Normas Internacionales de Derechos Humanos, ocurridas en el marco del conflicto armado interno, excluyendo de tal clasificación en forma expresa a los miembros de grupos armados al margen de la ley, "salvo en los casos en los que los niños, niñas o adolescentes hubieren sido desvinculados del grupo armado organizado al margen de la ley siendo menores de edad."

De esta forma, dedica un capítulo completo a definir los conceptos de integridad étnica y cultural, justicia transicional con enfoque diferencial colectivo y cultural, daño colectivo[148], daño individual con efectos colectivos[149], daño a la integridad étnica y cultural, daño por restricción

148. Artículo 6°. *Daño colectivo.* Se entiende que se produce un daño colectivo cuando la acción viola los derechos, bienes, la dimensión material e inmaterial del pueblo Rrom o Gitano o las Kumpañy como sujetos colectivos de derechos en el marco del presente decreto, lo cual implica una mirada integral de los daños y afectaciones que estas violaciones ocasionen. La naturaleza colectiva del daño se verifica con independencia de la cantidad de personas individualmente afectadas. También se produce un daño colectivo, entre otros, cuando se vulneran sistemáticamente los derechos individuales del pueblo Rrom y de sus Kumpañy, y por el hecho de ser parte de la misma. La naturaleza colectiva del daño se verifica con independencia de la cantidad de personas individualmente afectadas.

149. Artículo 7°. *Daño individual con efectos colectivos.* Se produce un daño individual con efectos colectivos cuando el daño sufrido por una víctima individualmente considerada, perteneciente al pueblo Rrom o Gitano o a una Kumpania, pone en riesgo la estabilidad social, cultural, organizativa, política, ancestral o la capacidad de pervivencia cultural y permanencia como pueblo, en el marco del conflicto armado. Para los efectos del presente decreto, cuando se produzca un daño individual con efectos colectivos, este se asimilará al daño colectivo, y el pueblo Rrom o gitano o las Kumpañy a la que pertenece el afectado se entenderá como sujeto colectivo víctima.

a la libre circulación, sujetos de especial protección, restitución de tierras, ayuda humanitaria y medidas de asistencia, atención y reparación.

Establece derechos diferenciados de carácter individual y colectivo para el pueblo Rrom, así como los de libre circulación, elegir autoridades y representantes, verdad, justicia, reparación integral y diversidad lingüística. Fija igualmente medidas de atención integral, ayuda humanitaria y asistencia a las víctimas pertenecientes a este grupo poblacional.

* Decreto ley 4635 de 2011[150]

Establece medidas de asistencia, atención, reparación integral y restitución de tierras a las víctimas pertenecientes a comunidades negras, afrocolombianas, raizales y palenqueras en concordancia con la Ley 70 de 1993.

Según se refiere en la cartilla de presentación del Decreto Ley 4633, este, junto a la Ley 1448 y los Decretos-ley 4634 y 4635 de 2011, adoptados en el marco de la justicia transicional, constituyen "las herramientas fundamentales de la política pública del Estado, para saldar la deuda social con las víctimas directas del conflicto"[151]. Se reconoce que el conflicto armado interno ha tenido un impacto desproporcionado en los pueblos y las comunidades étnicas colombianas, derivado entre otras afectaciones, del despojo de sus territorios afectando su proyecto de vida.

Los Decretos Ley 4633, 4634 y 4635 de 2011, denominados decretos ley étnicos, se constituyen en un compendio de protección a las comunidades indígenas, el pueblo Rrom y las comunidades negras afrocolombianas, palenqueras y raizales que han sido víctimas del conflicto armado, pues además de establecer claramente sus derechos a través de procedimientos que permiten restablecer las condiciones dignas que ostentaban previo a las afectaciones, orientan a los servidores públicos

150. Decreto ley 4635 de 2011. Diario Oficial 48278 https://www.alcaldiabogota.gov.co/sisjur/normas/Norma1.jsp?i=44984.

151. Decreto Ley de Víctimas 4633 de 2011. https://www.acnur.org/fileadmin/Documentos/BDL/2014/9739.pdf.

sobre la ruta única de atención, asistencia y reparación, para que orienten su actuación a la toma e implementación de acciones afirmativas, entendidas como "políticas o medidas dirigidas a favorecer a determinadas personas o grupos, ya sea con el fin de eliminar o reducir las desigualdades de tipo social, cultural o económico que los afectan"[152].

La unidad para la atención y reparación integral a las víctimas elaboró una guía para la orientación adecuada a las víctimas pertenecientes a grupos étnicos, la cual desarrolla el contenido de los citados decretos ley, además conceptos como ancestralidad, atención, autoridad espiritual, autoridad administrativa, consulta previa, daño colectivo e individual, desplazamiento en estas dos acepciones y reparación colectiva para víctimas étnicas. Respecto a esta última denominación, esto es, reparación colectiva para víctimas étnicas, la definió como el conjunto de medidas materiales o simbólicas definidas,

> mediante consulta previa, por los grupos étnicos que hayan sufrido daños como consecuencia de las violaciones e infracciones contempladas en el artículo 3° de los Decretos Étnicos, con el fin de compensar y mitigar los daños a la integridad cultural, el territorio, el medio ambiente, la autonomía y otros derivados de derechos colectivos vulnerados por el conflicto armado o sus factores subyacentes y vinculados. Las medidas de reparación colectiva se dirigen también a los daños individuales con impacto colectivo[153].

Adicionalmente, la citada guía establece con claridad que debe entenderse por sujeto colectivo de derechos a las asociaciones, partidos políticos o grupos de personas que han sido objeto de hechos victimizantes, ostentando por ello el derecho a reclamar las medidas de protección contenidas en el régimen jurídico colombiano, haciendo diferenciación entre los derechos fundamentales de las comunidades indígenas y los

152. Corte Constitucional de Colombia. Sentencia C-371 de 2000. https://www.corteconstitucional.gov.co/relatoria/2000/C-371-00.htm.

153. Unidad para la Atención y Reparación Integral a las Víctimas. *Guía para la orientación adecuada a las víctimas pertenecientes a grupos étnicos.* https://gapv.mininterior.gov.co/sites/default/files/guia_decretos_ley_etnicos.pdf.

derechos colectivos de otros grupos humano, pues respecto de la primera, con sujeción a lo señalado por la Corte Constitucional en Sentencia T-380 de 1993, aseguró es un sujeto colectivo y no una simple sumatoria de sujetos individuales que comparten los mismos derechos o intereses difusos o colectivos.

* Decreto 4829 de 2011[154]

Restitución de tierras. Reglamenta el Capítulo III del Título IV de la Ley 1448 de 2011. Dispone las reglas en las actuaciones administrativas del Registro de Tierras despojadas y abandonadas forzosamente. Establece como principios rectores de las actuaciones para el registro, los de colaboración armónica, enfoque diferencial y preventivo, confidencialidad, favorabilidad, participación, progresividad, gradualidad y publicidad.

La restitución de tierras ha sido definida por el ministerio de agricultura y desarrollo rural como el derecho que tienen las víctimas a que se les devuelva un predio cuando este fue despojado o abandonado a causa del conflicto armado[155]. El procedimiento establecido para el registro de tierras despojadas y abandonadas forzosamente se desarrolla en torno a los principios de colaboración armónica, enfoque diferencial y preventivo, confidencialidad, favorabilidad, participación, progresividad, gradualidad y publicidad.

La ley fija un programa de implementación gradual y progresiva del Registro. Para dar inicio al proceso de restitución de tierras debe realizarse la solicitud de inscripción del predio despojado en el registro de tierras anta la Unidad Administrativa Especial de Restitución de tierras. En sesenta días, prorrogables por treinta días más, la unidad decidirá sobre la inclusión. La inclusión en el Registro tiene por finalidad garan-

154. Decreto 4829 de 2011. Diario Oficial 48280. https://www.alcaldiabogota.gov.co/sisjur/normas/Norma1.jsp?i=45065.

155. Ministerio de agricultura y desarrollo rural, "Restitución de tierras", Colombia Potencia de la Vida, https://www.minagricultura.gov.co/atencion-ciudadano/preguntas-frecuentes/Paginas/Restitucion-de-Tierras.aspx.

tizar el acceso a las medidas especiales de reparación integral a las víctimas beneficiarias conforme a la Ley 1448 de 2011.

* Decreto 4800 de 2011[156]/Decreto 1084 de 2015

Decreto Único reglamentario del sector de inclusión social y reconciliación. Establece como objeto el ocuparse del diseño de los mecanismos para la adecuada implementación de las medidas de asistencia, atención y reparación integral de las víctimas, a través de un enfoque humanitario, de desarrollo humano, de derechos, transformador, de daño, dialogo social, enmarcados dentro de los principios de progresividad y gradualidad para una reparación efectiva.

Se ocupa de definir una vez más el registro único de víctimas como una herramienta administrativa que soporta el procedimiento, destacando además que tal condición, la de víctima, es una situación fáctica que no está supeditada al reconocimiento oficial a través de la inscripción en el registro, por lo que este no confiere tal calidad.

* Documento de política pública COMPES 3726 de 2012[157]

Define lineamientos, plan de ejecución de metas, presupuesto y mecanismos de seguimiento para el plan nacional de atención y reparación integral a víctimas.

* Decreto 1725 de 2012[158]

Mediante el cual se adopta el Plan Nacional de Atención y Reparación Integral a las víctimas de que trata la ley 1448 de 2011, está compuesto por

156. Decreto 4800 de 2011. Diario Oficial 48280. https://www.alcaldiabogota.gov.co/sisjur/normas/Norma1.jsp?i=45063.

157. Consejo Nacional de Política Económica y Social, *Lineamientos, plan de ejecución de metas, presupuesto y mecanismo de seguimiento para el plan nacional de atención y reparación integral a víctimas* (Bogotá: Conpes, 2010), https://colaboracion.dnp.gov.co/CDT/Conpes/Económicos/3726.pdf.

158. Decreto 1725 de 2012. https://www.unidadvictimas.gov.co/sites/default/files/documentosbiblioteca/decreto-1725-de-2012.pdf.

el conjunto de políticas, lineamientos, normas, procesos, planes, instituciones e instancias contenidas en los Decretos números 4800, 4829 de 2011, 0790 de 2012, y las normas que los modifiquen, adicionen o deroguen, así como en los documentos CONPES 3712 de 2011 y 3726 de 2012[159].

* Decreto 0790 de 2012[160].

> Por el cual se trasladan las funciones del Sistema Nacional de Atención Integral a la Población Desplazada por la Violencia —SNAIPD—, al Sistema Nacional de Atención y Reparación Integral a las Víctimas y del Consejo Nacional de Atención Integral a la Población Desplazada —CNAIPD—, al Comité Ejecutivo para la Atención y Reparación Integral a las Víctimas

* Ley 1592 de 2012 Nivel Nacional[161].

"Se introducen modificaciones a la Ley 975 de 2005 "por la cual se dictan disposiciones para la reincorporación de miembros de grupos armados organizados al margen de la ley, que contribuyan de manera efectiva a la consecución de la paz nacional y se dictan otras disposiciones para acuerdos humanitarios" y se dictan otras disposiciones". Esta ley fue reglamentada por el Decreto Nacional 3011 de 2013.

En lo que respecta las víctimas, el artículo 2 modifica la definición contenida en el artículo 5, a efectos de establecer que igualmente ostenta dicha calidad "los demás familiares que hubieren sufrido un daño como consecuencia de cualquier otra conducta violatoria de la ley penal cometida por miembros de grupos armados organizados al margen de la Ley." De igual forma, sobre los derechos de las víctimas, se ocupa de definir el derecho a la justicia como el deber del Estado de realizar una

159. Alcaldía de Bogotá, "Documentos para LEY DE VÍCTIMAS: Plan nacional de atención y reparación integral a las", Alcaldía de Bogotá, https://www.alcaldiabogota.gov.co/sisjur/listados/tematica2.jsp?subtema=25738.
160. Decreto 0790 de 2012. https://www.unidadvictimas.gov.co/sites/default/files/documentosbiblioteca/decreto-0790-de-2012.pdf.
161. Ley 1592 de 2012. Diario Oficial 48633. https://www.alcaldiabogota.gov.co/sisjur/normas/Norma1.jsp?i=50829.

investigación efectiva asegurando tanto la judicialización de los responsables como el acceso a las víctimas a recursos eficaces que reparen el daño causado y evitar la repetición de las violaciones.

* Documento de política pública COMPES 3784 de 2013[162]

Mediante el cual se establecen los lineamientos de política pública para la prevención de riesgos, la protección y garantía de los derechos de las mujeres víctimas del conflicto armado.

* Decreto 1953 de 2014.

Establece un régimen especial con la finalidad de poner en funcionamiento los territorios indígenas respecto de la administración de los sistemas propios hasta tanto el Congreso expida la ley de qué trata el artículo 329 constitucional.

* Ley 1753 de 2015[163]

Por el cual se expide el plan nacional de desarrollo 2014-2018 que tiene como objetivo construir una Colombia en paz, equitativa y educada, en armonía con los propósitos del gobierno nacional. Dentro de la estrategia "Seguridad, justicia y democracia para la construcción de la paz" Adicionalmente, establece en su artículo 50, al referirse a los proyectos de interés nacional y estratégicos, que la inclusión de un predio en estos proyectos deberá ser entendido en los términos del artículo 72 de la Ley 1448 de 2011,

> como una imposibilidad jurídica para la restitución que impondrá al Fondo de la Unidad Administrativa Especial de Gestión de Restitución de Tierras

162. Consejo Nacional de Política Económica y Social República de Colombia, "Lineamientos de política pública consejo nacional de política económica y social república de Colombia departamento nacional de planeación para la prevención de riesgos, la protección y garantía de los derechos de las mujeres víctimas del conflicto armado", 2013, Bogotá, https://www.unidadvictimas.gov.co/sites/default/files/documentosbiblioteca/conpesmujeres.pdf.
163. Ley 1753 de 2015. Diario Oficial No. 49.538. http://www.secretariasenado.gov.co/senado/basedoc/ley_1753_2015.html.

Despojadas la obligación de compensar a las víctimas con un predio de similares condiciones, en el orden y lineamientos establecidos en el artículo 98 de la Ley 1448 de 2011 y sus decretos reglamentarios. Sin embargo, en estos casos, el pago de la compensación se realizará con cargo a los recursos que se consignen en el depósito judicial efectuado por la entidad propietaria con cargo al proyecto, en virtud del proceso de expropiación.

Adicionalmente, la citada ley incluye acuerdos de consulta previa con los pueblos indígenas y el pueblo Rrom y un enfoque diferencial en los ejes transversales estratégicos del plan, así como en la mayoría de los capítulos regionales.

* Decreto 2460 de 2015[164]

Crea la estrategia de corresponsabilidad como un proceso de gestión pública, que articula los niveles de gobierno del Estado para el diseño e implementación de la política de prevención, protección, atención, asistencia y reparación integral de las víctimas del conflicto armado interno.

* Ley 1955 de 2019[165]

Por el cual se expide el Plan Nacional de Desarrollo 2018-2022. "Pacto por Colombia, Pacto por la Equidad". XI Pacto por la Construcción de Paz: Cultura de la legalidad, convivencia, estabilización y víctimas" dispuso la garantía del goce efectivo de derechos de las víctimas

Como común denominar de la regulación normativa en materia de protección a víctimas del conflicto armado, se evidencia la prelación y establecimiento de los principios de colaboración armónica, enfoque diferencial y preventivo, confidencialidad, favorabilidad, participación, progresividad, gradualidad y publicidad.

164. Decreto 2460 de 2015. https://www.funcionpublica.gov.co/eva/gestornormativo/norma_pdf.php?i=67435.

165. Ley 1955 de 2019. Diario Oficial No. 43.091. http://www.secretariasenado.gov.co/senado/basedoc/ley_0387_1997.html.

No obstante, del anterior recorrido puede señalarse que en Colombia se ha vivido tres grandes momentos en materia de desarrollo normativo que pueden ser catalogados como abanderados en la protección de las victimas colectivas del conflicto armado, en primer lugar, la Ley 975 de 2005, luego la Ley 1448 de 2011 y finalmente, el proceso de paz con la guerrilla de las FARC-EP[166].

Respecto de este grupo poblacional, si bien las diferentes normas refieren de forma implícita su protección, tan solo a partir de la Ley 975 de 2005 puede adquieren relevancia y protagonismo al establecer no solo su reconocimiento expreso, sino además un procedimiento incidental dentro de la acción judicial que permite exigir la reparación de los daños colectivamente sufridos.

Como se señaló, los pilares principales a través de los cuales se han desarrollado los mecanismos de protección para las víctimas colectivas han girado en torno a los derechos a la verdad, justicia, reparación y garantías de no repetición, estos fueron igualmente expuestos por la aludida Ley 975, así como lo han venido haciendo las diferentes normas que le sucedieron. En efecto, la Ley 1448 de 2011 recoge los postulados establecidos en la primera de las citadas, adicionando aspectos puntuales a efectos de abarcar de una mejor manera los sujetos de especial protección, extendiendo el amparo inclusive a familiares de las víctimas y la sociedad en general.

El máximo tribunal constitucional ha consolidado una amplia jurisprudencia en torno al contenido, alcance y desarrollo de los derechos de las víctimas del delito, especialmente respecto de los derechos a la verdad, a la justicia y a la reparación integral, de cara a la interpretación de los artículos 1, 2, 15, 21, 93, 229, y 250 de la carta política y de los lineamientos trazados por el derecho internacional humanitario y los están-

166. Carrillo-Ballesteros, José Guillermo, "Los derechos humanos de las víctimas en el marco de la justicia transicional en Colombia". *dixi 21*, 2015, 9. http://dx.doi.org/10.16925/di.v17i21.976.

dares del derecho internacional de los derechos humanos, fijando en consecuencia parámetros mínimos respecto de estos derechos en casos de delitos que constituyen un grave atentado en contra de los derechos humanos o del derecho internacional humanitario[167].

El derecho a la verdad ha sido expresado como la posibilidad de conocer la realidad de lo acontecido en los eventos de afectaciones graves a derechos humanos[168], estas leyes la regulan con características de inalienable, pleno, efectivo e imprescriptible, sin embargo, la ley 975 la limita a los hechos cometidos por grupos armados al margen de la ley, contrario a lo expresado por la 1448 que se encamina a la obtención de un conocimiento sobre las circunstancias en que se cometieron las violaciones.

A través de la Sentencia C-715 de 2012 la Corte estableció que el derecho a la verdad debe caracterizarse por tener una dimensión colectiva garantizada mediante investigaciones que debe llevar a cabo el Estado. Pues destacó que este derecho se encuentra en cabeza de las víctimas, de sus familiares y de la sociedad en su conjunto, y por tanto apareja una dimensión individual y una colectiva, lo cual implica que la sociedad debe conocer la realidad de lo sucedido, su propia historia, la posibilidad de elaborar un relato a través de la divulgación pública de los resultados de las investigaciones. Así mismo, este derecho se encuentra intrínsecamente relacionado y conectado con el derecho a la justicia y a la reparación, "ya que la verdad sólo es posible si se proscribe la impunidad y se garantiza, a través de investigaciones serias, responsables, imparciales, integrales y sistemáticas por parte del Estado, el consecuente esclarecimiento de los hechos y la correspondiente sanción".

167. Corte Constitucional de Colombia. Sentencia SU 254 de 2013. https://www.corteconstitucional.gov.co/relatoria/2013/SU254-13.htm.

168. Yasmin Naqvi, "El derecho a la verdad en el derecho internacional: ¿realidad o ficción?", *International Review of the Red Cross*, n.º 862 (2006). https://www.icrc.org/es/doc/assets/files/other/irrc_862_naqvi.pdf.

Respecto al derecho a la justicia, la Corte ha reiterado la obligación del Estado de prevenir las graves violaciones de derechos humanos, especialmente cuando se trata de violaciones masivas, continuas y sistemáticas como el desplazamiento forzado interno, luchar contra la impunidad, establecer mecanismos de acceso ágil, oportuno, pronto y eficaz, investigar, procesar y sancionar judicialmente a los responsables, plazos razonables para los procesos judiciales, iniciar ex *officio* las investigaciones en casos de graves violaciones y velar porque los mecanismos judiciales internos tanto de justicia ordinaria, como de procesos de transición hacia la paz, tales como amnistías e indultos, no conduzcan a la impunidad y al ocultamiento de la verdad.

El derecho a la justicia conlleva la obligación para el Estado de investigar, juzgar y sancionar a los responsables de las infracciones a derechos humanos y derecho internacional humanitario, asegurando que las víctimas de esas conductas tengan acceso a recursos eficaces que reparen el daño infligido y tomar todas las medidas destinadas a evitar la repetición de tales violaciones[169].

En materia de reparación de los sujetos colectivos, el mismo ha sido establecido en los eventos en que se ha producido un daño colectivo de naturaleza resarcible, como consecuencia de la vulneración de un derecho, interés o bien jurídico colectivo[170]. Por su parte, el derecho a la no repetición comprende las medidas que tienen por objeto "asegurar que no se repitan los hechos victimizantes[171]". A través de la Sentencia 1199 de 2010 la Corte Constitucional hace alusión al conjunto de instru-

169. Corte Constitucional de Colombia. Sentencia C-588 de 2019. https://www.corteconstitucional.gov.co/relatoria/2019/C-588-19.htm#_ftnref63

170. Unidad para la atención y reparación integral a las víctimas, *Guía práctica de reparación coelctiva* (Bogotá: Ministerio del Interior, 2015), https://issuu.com/grupodearticulacioninternasparalapo/docs/9_cartilla_reparacion_colectiva_uar?utm_medium=referral&utm_source=www.mininterior.gov.co.

171. Corte Constitucional de Colombia. Sentencia C-674 de 2017. https://www.corteconstitucional.gov.co/relatoria/2017/C-674-17.htm.

mentos que convergen en la reparación de víctimas, reconociendo que la asistencia humanitaria, las acciones de reparación y rehabilitación, y la política social, son deberes y acciones claramente diferenciables, por tanto, irremplazables unas por otras.

En cuanto al derecho a la reparación, la jurisprudencia de la Corte la ha fijado como la garantía que le asiste a las personas que han sido objeto de violaciones de derechos humanos, debe ser integral, incluye la obligación para el Estado de la restitución plena (*restitutio in integrum*), y en el evento de no ser posible es procedente la compensación a través de medidas como la indemnización pecuniaria por el daño causado, incluye además la compensación, tiene tanto una dimensión individual como colectiva; desborda el campo de la reparación económica, y debe diferenciarse de la asistencia y servicios sociales y de la ayuda humanitaria brindada por parte del Estado[172].

De esta forma, a través de la SU 254 de 2013 la Corte fijó los parámetros constitucionales mínimos respecto de los derechos a la verdad, justicia y reparación integral de las víctimas del conflicto armado y a la población desplazada por violencia. Como antesala a la citada decisión, desde el año 2006 con ocasión del análisis de constitucionalidad de algunos artículos de la Ley 975 de 2005, conocida como ley de justicia y paz, la Corte estableció los aspectos generales para tener en cuenta para garantizar los derechos de las víctimas en escenarios de justicia transicional[173], tal como lo hizo en sede de tutela[174].

172. Corte Constitucional de Colombia. Sentencia SU-254 de 2013. https://www.corteconstitucional.gov.co/relatoria/2013/SU254-13.htm.

173. Ver al respecto Corte Constitucional de Colombia, Sentencias C-370 de 2006 y C-1199 de 2008

174. Ver al respecto Corte Constitucional de Colombia, Sentencias T-496 de 2008 y T-045 de 2010

# 3. Desarrollo jurisprudencial colombiano en materia de protección a las víctimas colectivas del conflicto armado

La Corte Constitucional Colombiana, como garante de la Constitución ha sido la encargada a través de sus decisiones de dar vida y dotar de contenido las diferentes normas que en materia de protección de las victimas colectivas han sido emitidas en este país. En el escenario de conflicto armado interno, múltiples han sido las lesiones sufridas por parte de la población civil en Colombia, convirtiéndolas de forma inmediata en víctimas directas o indirectas de este fenómeno social, así lo ha señalado la Corte reconociendo además diferentes fenómenos como generadores de mayor impacto social, tales como las masacres, por su carácter colectivo y efecto desestructurador[175], secuestros[176], homicidios[177], despojo y desplazamiento campesino[178].

A efectos de analizar en detalle la posición asumida por el máximo tribunal constitucional respecto a las víctimas colectivas del conflicto armado interno, este estudio parte de hacer una distinción entre Comunidades indígenas, Comunidades campesinas, mujeres, y Comunidades afrocolombianas, como partes integrantes del citado grupo poblacional,

175. CORTE CONSTITUCIONAL DE COLOMBIA. Sentencia C-250 de 2012. https://www.corteconstitucional.gov.co/relatoria/2012/C-250-12.htm#:~:text=DE%20LA%20REP%C3%9ABLICA-,Por%20la%20cual%20se%20dictan%20medidas%20de%20atenci%C3%B3n%2C%20asistencia%20y,y%20se%20dictan%20otras%20disposiciones.&text=De%20la%20misma%20forma%2C%20se,o%20para%20prevenir%20la%20victimizaci%C3%B3n.

176. *Ibidem*, 33.

177. *Ibidem*, 34.

178. *Ibidem*.

desarrollando en principio los derechos a la verdad, la justicia y la reparación, destacando que con ellos no se agota el catálogo de sus derechos[179].

## 3.1. COMUNIDADES INDÍGENAS

La Constitución política de Colombia reconoce a los pueblos indígenas como ciudadanos con plenos derechos y obligaciones, con la facultad de autorregularse dentro de su marco territorial de acuerdo con sus costumbres y tradiciones, de forma tal que se respete su identidad y diversidad tanto étnica como cultural[180]. Esta facultad ha sido estudiada desde diversos escenarios, llegando inclusive a ser señalada como un contrasentido precisamente por la limitación expresa que al respecto señala la Constitución,[181] sin embargo, dicha tensión fue transada por la Corte Constitucional desde sus primeros años de funcionamiento al señalar como admisibles tan solo las restricciones indispensables para salvaguardar un interés de mayor jerarquía y sean

> las menos gravosas, frente a cualquier medida alternativa para la autonomía de las comunidades étnicas. La evaluación sobre la jerarquía de los intereses en juego y la inexistencia de medidas menos gravosas, debe llevarse a cabo teniendo en cuenta las particularidades de cada comunidad[182]

Los territorios indígenas gozan de autonomía para la gestión de sus intereses dentro de los límites de la Constitución y la ley, de forma tal que cuentan con la faculta de gobernarse por autoridades propias; administrar los recursos y establecer los tributos necesarios para el cum-

179. *Ibidem*, 22.
180. Corte Constitucional de Colombia. Sentencia T-601 de 2011. https://www.corteconstitucional.gov.co/relatoria/2011/T-601-11.htm.
181. Corte Constitucional de Colombia. Sentencia T-380 de 1993. https://www.corteconstitucional.gov.co/relatoria/1993/T-380-93.htm.
182. Corte Constitucional de Colombia. Sentencia SU-510 de 1998. https://www.corteconstitucional.gov.co/relatoria/1998/su510-98.htm.

plimiento de sus funciones y participar en las rentas nacionales[183]. En materia de protección en escenarios del conflicto armado, la Corte se refirió a la consulta previa en asuntos relativos al orden público por el ingreso de la fuerza pública a sus comunidades, de tal suerte que señaló la necesidad de realizar un análisis objetivo de las razones por las cuales no era percibido su ingreso como garantía de seguridad, reiterando que cualquier acción que pudiera llegar a generar una afectación directa debía ser previamente consultada[184].

A continuación, se muestra sombreado en amarillo, los territorios que en la actualidad son ocupados por comunidades indígenas en Colombia, lo cual permite determinar su importancia desde el escenario nacional en materia de distribución de tierras.

183. Corte Constitucional de Colombia. Sentencia T-601 de 2011. https://www.corteconstitucional.gov.co/relatoria/2011/T-601-11.htm.
184. Corte Constitucional de Colombia. Sentencia T-769 de 2009. https://www.corteconstitucional.gov.co/relatoria/2009/t-769-09.htm.

## Gráfico 3.

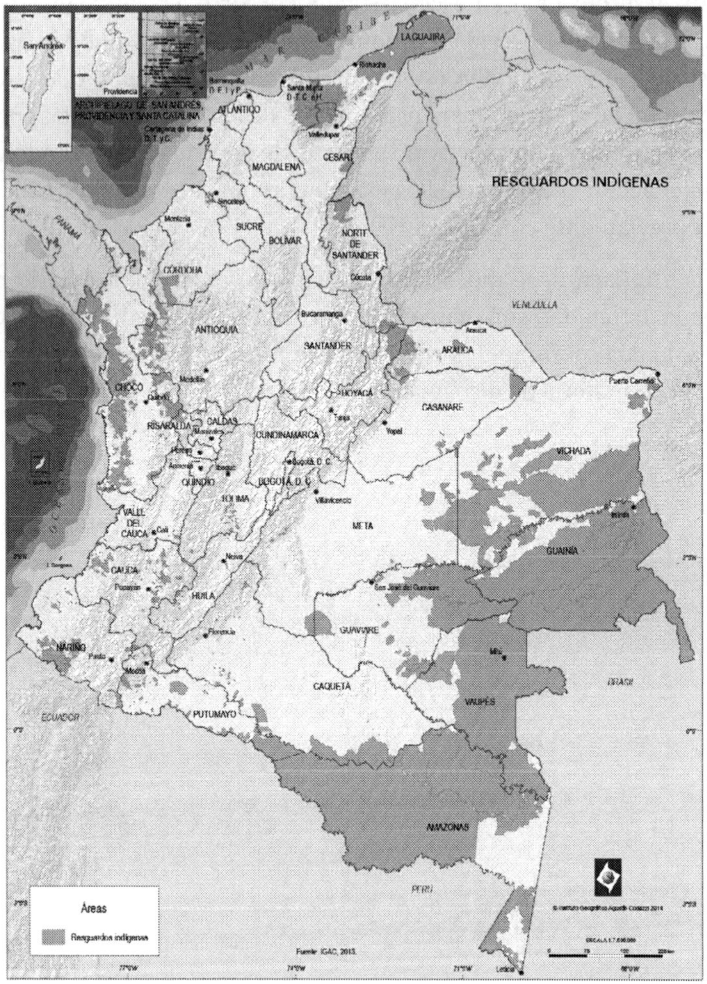


**Fuente:** Unidad para la atención y Reparación Integral a las víctimas[185].

185. Unidad para la Atención y Reparación Integral a las Víctimas. *Guía para la orientación adecuada a las víctimas pertenecientes a grupos étnicos.* https://gapv.mininterior.gov.co/sites/default/files/guia_decretos_ley_etnicos.pdf.

Diferentes derechos han sido reconocidos a este grupo poblacional, tanto normativa como jurisprudencialmente, siendo la Consulta previa uno de ellos, definida como la facultad de especial protección conferida constitucionalmente a los grupos étnicos de participar en las decisiones que los afectan, esta potestad, además de encontrarse regulada en el texto superior, se soporta en el Convenio 169 de la OIT, aprobado por Colombia mediante Ley 21 de 1991, a efectos de "asentar el principio conforme al cual las estructuras y formas de vida de tales pueblos son permanentes y perdurables, dado el interés en que el valor intrínseco de sus culturas sea salvaguardado"[186].

En el escenario judicial, el artículo 246 constitucional estableció la jurisdicción especial indígena que faculta a las autoridades de los pueblos indígenas para ejercer funciones jurisdiccionales dentro de su ámbito territorial, de conformidad con sus propias normas y procedimientos, siempre que no sean contrarios a la Constitución. La Corte ha destacado que las comunidades indígenas son sujetos de derechos fundamentales, sin que estos sean equivalentes a los derechos individuales de cada uno de sus miembros ni a la sumatoria de estos, además dichos derechos colectivos de otros grupos humanos[187], de tal suerte que reconoce al colectivo como tal, a la agrupación como sujeto de derechos.

En Sentencia T 025 de 2004[188], la Corte Constitucional declaró un "Estado de cosas inconstitucional" respecto de la población víctima de desplazamiento forzado, en razón a la ausencia de políticas públicas adecuadas y eficaces por parte del sistema nacional de atención integral a dicho grupo poblacional. Destaca que, no obstante, las diferentes ordenes que hubiera impartido a través de sus decisiones, las autoridades competen-

186. Corte Constitucional de Colombia. Sentencia SU-883 de 2003. https://www.corteconstitucional.gov.co/relatoria/2003/su383-03.htm.
187. Corte Constitucional de Colombia. Sentencia T-601 de 2011. https://www.corteconstitucional.gov.co/relatoria/2011/T-601-11.htm.
188. Corte Constitucional de Colombia. Sentencia T-025 de 2004. https://www.corteconstitucional.gov.co/relatoria/2004/t-025-04.htm.

tes no han adoptados los correctivos necesarios para superar las violaciones, se ha generado reincidencia por parte de las autoridades a tal punto de agravarse la situación de afectación de los derechos de la población desplazada ante las exigencias impuestas por algunos funcionarios.

Con el Auto 251 de 2008[189] dispuso la Protección de los derechos fundamentales de los niños, niñas y adolescentes en situación de desplazamiento forzado. En esta decisión constató la Corte que los niños, niñas y adolescentes colombianos en situación de desplazamiento no son tratados de manera acorde con su status constitucional como sujetos de protección especial en sí mismos, titulares de derechos fundamentales prevalecientes, y merecedores de atención y protección prioritaria y diferenciada; por lo que declara que sus derechos fundamentales prevalecientes que están siendo masiva y continuamente desconocidos procediendo en consecuencia a impartir las ordenes pertinentes a fin de cesar la lesión.

Auto 004 de 2009[190]: Protección de los derechos fundamentales de las personas y los puebles indígenas desplazados o en riesgo de desplazamiento. Esta decisión parte de reconocer como el conflicto armado interno amenaza con el exterminio cultural o físico a números pueblos indígenas del país, las medidas cautelares y provisionales emitidas por organismos internacionales a favor de algunos grupos y comunidades indígenas han sido ineficaces pues se encuentran constantemente expuestos a soportar los peligros inherentes a la confrontación sobre la base de situaciones de pobreza extrema y abandono institucional preexistentes.

La Corte ha reconocido que el conflicto armado interno ha afectado a los pueblos indígenas en el país desde diferentes escenarios, los cuales

189. Corte Constitucional de Colombia. Auto 251 de 2008. https://www.corteconstitucional.gov.co/T-025-04/AUTOS%202008/101.%20Auto%20del%2006-10-2008.%20Auto%20251.%20Protecci%C3%B3n%20ni%C3%B1os,%20ni%C3%B1as%20y%20adolescentes.pdf.

190. Corte Constitucional De Colombia. Auto 092 de 2008. https://www.corteconstitucional.gov.co/relatoria/autos/2009/a004-09.htm.

se acentúan en atención al abandono constante en el que se encuentran por parte del Estado no obstante el reconocimiento expreso de sus derechos por vía constitucional. Así, señala como hechos generadores de lesión, el que algunas de las confrontaciones, derivadas del conflicto, se desenvuelven en territorios indígenas, además de los procesos socioeconómicos conexos al conflicto que afectan sus territorios tradicionales[191].

En este punto, se ha reconocido al narcotráfico como uno de los principales sustentos de los grupos delincuenciales, de forma tal que los territorios ancestrales en algunos eventos han sido saqueados y ultrajados con la remoción de cultivos nativos para la utilización de las tierras con fines ilícitos. La cosmovisión de los pueblos indígenas conlleva un respeto insustituible de sus territorios[192], sin embargo, la misma es a diario lesionada por incursiones y presencia de grupos armados ilegales, en ocasiones seguidas de una fuerte militarización del territorio por parte de la fuerza pública, ocupando lugares sagrados e instalando bases militares sin consulta previa.

Adicionalmente, los integrantes de los pueblos indígenas son involucrados constantemente en los procesos bélicos ante los frecuentes señalamientos de actuar como colaboradores de uno u otro bando, sin embargo, han mostrado resistencia a este tipo de presiones a través de su fortaleza en términos de cohesión social, exigiendo a los actores armados el respeto de su territorio y costumbres[193], comportamiento que ha sido avalado por

191. Asamblea General de las Naciones Unidas, *La situación de los pueblos indígenas en Colombia: Seguimiento a las recomendaciones hechas por el relator especial anterior* (Naciones Unidas, 2010),20, https://www.acnur.org/fileadmin/Documentos/BDL/2010/7377.pdf?view=1.
192. Montemayor, Carlos, "La cosmovisión de los pueblos indígenas actuales". *Desacatos,* n.° 5, 2000, 95-106. http://www.scielo.org.mx/scielo.php?script=sci_arttext&pid=S1607-050X2000000300007&lng=es&nrm=iso.
193. Guevara Corral. Rubén, "Desplazamiento indígena, conflicto interno y expresiones de participación comunitaria en el departamento del cauca (Colombia)". *Revista HAOL,* N.° 3, 2004, 65-72.

la Corte Constitucional en las decisiones en las que se analiza las medidas adecuadas para su protección, determinando que la misma, está ligada a la protección del medio ambiente y los recursos naturales[194].

Múltiples han sido los escenarios de afectaciones a las comunidades indígenas en el marco del conflicto armado interno de Colombia, por lo que hacer referencia a cada uno de estos desbordaría en objeto del presente trabajo, sin embargo, a manera de ilustración podemos citar como ejemplo la situación presentada en la comunidad Yanacona, y la Masacre de Bahía Portete[195], a efectos de determinar el modus operandi de los actores armados y las consecuencias de su accionar en los pueblos que han sido reconocidos como víctimas colectivas.

Respecto a la primera de estas, esto es la situación presentada en la comunidad Yanacona, la violencia ha conllevado a un desplazamiento forzado de su pueblo amenazando con su extinción, pues al igual que los diferentes pueblos indígenas[196], presenta este grupo fuertes lasos con el territorio debido, entre otros factores, a la connotación que le reconocen desde un contexto espiritual, histórico y cultural, de forma tal que el daño que han sufrido solo puede ser subsanable mediante su retorno digno y seguro al lugar que les pertenece[197]. Su territorio ha sido objeto de deforestación, implementación de cultivos ilícitos y aspersiones aéreas por parte de accionar del Estado.

194. Corte Constitucional de Colombia. Sentencia T-063 de 2019. https://www.corteconstitucional.gov.co/relatoria/2019/t-063-19.htm.

195. Ocurrida el 18 de abril de 2004.

196. En la sentencia T 661 de 2015, la Corte Constitucional de Colombia recordó que *"Entre los derechos fundamentales de los pueblos indígenas se encuentran el derecho al territorio colectivo, o a la propiedad colectiva sobre sus territorios, y el derecho a la consulta previa."* https://www.corteconstitucional.gov.co/relatoria/2015/t-661-15.htm.

197. Corte Constitucional de Colombia. Sentencia T-558 de 2015. https://www.corteconstitucional.gov.co/relatoria/2015/t-558-15.htm.

Ahora, sobre la Masacre de Bahía Portete, allí fueron las mujeres Wayuu quienes mayormente se vieron afectadas, pues el día de los hechos, al arribo de hombres adscritos a grupos paramilitares en un número aproximado de cincuenta, debido a que la mayoría de los hombres de la comunidad se encontraban fuera de su casa realizando labores de pesca y pastoreo, las mujeres y los niños fueron objeto de prácticas de terror sin resistencia efectiva.

El papel desarrollado por la Corte Constitucional ha sido decisivo para la protección de las comunidades indígenas víctimas del conflicto, llegando al punto de convertirse en la garante de sus derechos, pues en diferentes oportunidades se ha ocupado de hacer llamados de atención y requerir a las instituciones encargados directamente de la protección o custodia, para que cumplan de una manera adecuada con dicha tarea, sin esperar a que se impartan órdenes judiciales o a que las comunidades acudan a acciones constitucionales.

La situación descrita la podemos observar en la Sentencia T 204 de 2021[198] en la que el Tribunal Constitucional hizo un llamado de atención a la Unidad Nacional de Protección para que cumpliera adecuadamente sus funciones, en razón a que dicha entidad negó a la comunidad indígena *Nasa Pickwe Tha Fiw* del municipio de Páez Cauca medidas de protección colectiva de emergencia ante su situación de riesgo por amenazas y hostigamientos de grupos armados.

Según el comunicado efectuado por la Corte, la entidad se negó a realizar estudio a fondo de la situación bajo el argumento de encontrarse realizando un análisis similar ante solicitud presentada por el Consejo Regional Indígena del Cauca (CRIC) dentro del que se encuentra inclui-

198. Corte Constitucional de Colombia. Sentencia T-204 de 2021. https://www.corteconstitucional.gov.co/noticia.php?Llamado-de-atenci%C3%B3n-a-la-UNP-en-materia-de-protecci%C3%B3n-de-comunidades-ind%C3%ADgenas-y-orden-para-que-se-adopten-medidas-en-favor-de-la-comunidad-Nasa-Pickwe-Tha-Fiw-9161.

do la comunidad, situación que fue considerada abiertamente inconstitucional, pues el colectivo indígena ya se encontraba reconocido como víctima colectiva del conflicto armado y alegaba una situación de urgencia que requería una respuesta inmediata y concreta. Según el fallo, la Unidad Nacional de Protección, vulneró los derechos fundamentales a la vida, a la seguridad y al debido proceso administrativo de la comunidad *Pickwe Tha Fiw*, con fundamento en la existencia de errores administrativos e incoherencias de la entidad que redundaron en la falta de un estudio completo y oportuno de la situación de riesgo de dicha población"

## 3.2. COMUNIDADES CAMPESINAS

Para que una comunidad pueda ser tenida como víctima colectiva del conflicto y consecuentemente sujeto de reparación colectiva, debe contar con identidad, autorreconocimiento e historia común, aspectos que se traducen en la existencia de redes sociales, económicas y comerciales aspectos como un acueducto propio, casa cultural, energía eléctrica y alumbrado público, un centro de salud, servicios de educación etc.

Estos requerimientos se cumplen a cabalidad por parte de las poblaciones campesinas, las cuales la Corte Constitucional igualmente ha tenido la oportunidad de analizar los mecanismos idóneos de protección a sus derechos, de esta forma los ha considerado, junto a los trabajadores rurales, sujetos de especial protección constitucional en determinados escenarios, siendo uno de ellos precisamente el conflicto armado interno, recordando las condiciones de vulnerabilidad y discriminación que los han afectado históricamente, así como los cambios que en la actualidad se están produciendo, tanto en materia de producción de alimentos, como en los usos y la explotación de los recursos naturales.

> Teniendo en cuenta la estrecha relación que se entreteje entre el nivel de vulnerabilidad y la relación de los campesinos con la tierra, nuestro ordenamiento jurídico también reconoce en el "campo" un bien jurídico de especial protección constitucional, y establece en cabeza de los campesinos un Corpus iuris orientado a garantizar su subsistencia y promover la realización de

su proyecto de vida. Este Corpus iuris está compuesto por los derechos a la alimentación, al mínimo vital, al trabajo, y por las libertades para escoger profesión u oficio, el libre desarrollo de la personalidad, y la participación, los cuales pueden interpretarse como una de las manifestaciones más claras del postulado de la dignidad humana[199].

Ha recordado la Corte que las diferentes comunidades de campesinos se encuentran en estado de vulnerabilidad cuando enfrentan dificultades para procurarse su propia subsistencia, que los riesgos surgen tanto de la permanencia de un estado de cosas específico, como de los cambios que están teniendo lugar en los últimos tiempos relacionados con la producción de alimentos, así como con el conflicto armado, que también ha generado graves afectaciones sobre estas comunidades, su economía y tejido social[200].

A través del Auto 092 de 2008[201], hizo alusión a la protección de los derechos fundamentales de las mujeres víctimas de desplazamiento forzado por causa del conflicto armado, determinó que la violencia ejercida en el conflicto victimiza de manera diferencial y agudizada a las mujeres ya que a causa de su condición de género están expuestas a riesgos particulares y vulnerabilidades (riesgo de violencia sexual, explotación o esclavización para ejercer labores domésticas, reclutamiento forzado de sus hijos, persecución y asesinato) que a su vez causan el desplazamiento. Agregó además que como víctimas sobrevinientes de actos violentos se ven forzadas a asumir roles económicos, familiares y sociales distintos a los acostumbrados. Este problema ha sido invisibilizado y por tanto se hace necesario su intervención, ante la inexistencia de una política pública específica que responda de manera efectiva y eficiente a las distintas facetas de género del desplazamiento interno.

199. Corte Constitucional de Colombia. Sentencia C-077 de 2017. https://www.corteconstitucional.gov.co/relatoria/2017/C-077-17.htm.

200. *Ibidem.*

201. Corte Constitucional de Colombia. Auto 092 de 2008. https://www.corteconstitucional.gov.co/relatoria/autos/2008/a092-08.htm.

Caso similar es el que viven los niños, niñas y adolescentes, situación que persiste en la actualidad siendo reclutados de manera involuntaria, forzándolos a cumplir un papel dentro del conflicto armado que poco o nada tiene que ver con el desarrollo de la niñez, la Corte Constitucional en Auto 251 del 2008, por medio del cual hacen seguimiento a la Sentencia T-025 de 2004, refiere que el desplazamiento forzado es uno de los factores que más afectan esta población, pues según distintas fuertes de medición un 50 % de la población desplazada son menores de edad; delitos como reclutamiento forzado, explotación sexual y desplazamiento son los que mayormente afrentan estas poblaciones.

Mediante Auto 006 de 2009 se refirió a la protección a las personas víctimas de desplazamiento forzado con discapacidad, recordando que estas han estado históricamente sometidas a prácticas discriminatorias y de exclusión social, el entorno ha terminado por aislarlas impidiéndoles tanto el goce pleno de sus derechos y libertades fundamentales, como la posibilidad de demostrar y potenciar sus talentos y capacidades[202].

## 3.3. COMUNIDADES AFROCOLOMBIANAS

La historia de las comunidades afrodescendientes en el país ha trasegado, al igual que la de las víctimas en general, desde una marginalización absoluta debido a la esclavitud, hasta el gradual reconocimiento de sus derechos como colectivo[203]. En este desarrollo jugó un papel indispensable la Constitución Política de 1991, pues además de llevar implícita una compensación y reivindicación frente a la situación de discriminación estructural previa a su promulgación, reconoció un estatuto especial de protección para las minorías étnicas, registrando res-

202. Corte Constitucional de Colombia. Auto 006 de 2009. https://www.corteconstitucional.gov.co/relatoria/autos/2009/a006-09.htm.

203. Corte Constitucional de Colombia. Sentencia C-191 de 2001. https://www.corteconstitucional.gov.co/relatoria/2001/C-169-01.htm.

pecto de los afrodescendientes su calidad de colectividad con herencia cultural y étnica susceptible de ser reconocida, valorada y protegida por el Estado, tarea que no continúa en proceso de fortalecimiento[204].

**Gráfico 4.**

**Fuente:** Unidad para la atención y Reparación Integral a las víctimas[205]. Ilustrativo de la presencia territorial de las comunidades afrodescendientes.

204. Corte Constitucional De Colombia. Sentencia T-601 de 2016. https://www.corteconstitucional.gov.co/relatoria/2016/t-601-16.htm#:~:text=T%2D601%2D16%20Corte%20Constitucional%20de%20Colombia&text=El%20medio%20de%20defensa%20judicial,la%20culminaci%C3%B3n%20de%20procesos%20administrativos.

205. Unidad para la Atención y Reparación Integral a las Víctimas. *Guía para la orientación adecuada a las víctimas pertenecientes a grupos étnicos.* https://gapv.mininterior.gov.co/sites/default/files/guia_decretos_ley_etnicos.pdf.

En el reconocimiento de los derechos de las comunidades afrocolombianas igualmente ha jugado un papel preponderante la Corte Constitucional Colombiana, pues si bien, se ha presentado un avance paulatino en la normatividad nacional, su efectividad concreta puede ser atribuida al desarrollo jurisprudencial de la corporación. Múltiples han sido los pronunciamientos en los que el alto tribunal se ha ocupado de profundizar en la naturaleza y garantías de estos pueblos, reiterándolos como titulares de derechos fundamentales específicos además de destacar su calidad de sujetos de especial protección constitucional en razón a su diversidad y características culturales particulares[206].

Respecto a la población afrodescendiente como víctima colectiva, la Corte Constitucional ha destacado tres factores generadores de vulneración a sus derechos, (i) exclusión estructural, (ii) existencia de procesos mineros y agrícolas en ciertas regiones que impone fuertes tensiones sobre sus territorios ancestrales y que ha favorecido su despojo[207]; e (iii) incorrecta protección jurídica e institucional de sus territorios colectivos[208].

La Corte ha destacado que constitucionalmente se reconocieron a los pueblos afrodescendientes una pluralidad de derechos a efectos de asegurar su protección como colectividad, es así como ha asegurado que en materia de territorio el artículo 55 transitorio de la Constitución previó la obligación de reconocerles el derecho fundamental a la propiedad colectiva de las tierras ancestralmente ocupadas por ellas[209], pues ha reconocido que para las comunidades negras el territorio significó libertad, subsistencia, colectividad

206. Corte Constitucional de Colombia. Sentencia T-485 de 2015. https://www.corteconstitucional.gov.co/relatoria/2015/T-485-15.htm.

207. Centro Nacional de Memoria Histórica. *Una nación desplazada: informe nacional del desplazamiento forzado en Colombia*, 393. http://www.centrodememoriahistorica.gov.co/descargas/informes-accesibles/una-nacion-desplazada_accesible.pdf.

208. Corte Constitucional de Colombia. Auto 005 de 2009. https://www.corteconstitucional.gov.co/relatoria/autos/2009/a005-09.htm.

209. *Ibidem*, 75

y arraigo[210], además de implicar el derecho a gozar y disponer de los recursos naturales renovables presentes en aquellos territorios, respetando la sostenibilidad de los mismos y en concordancia con la legislación ambiental[211].

La Ley 70 de 1993[212] "Por la cual se desarrolla el artículo transitorio 55 de la Constitución Política", definió en su artículo 2, numeral 5 a las comunidades negras como "el conjunto de familias de ascendencia afrocolombiana que poseen una cultura propia, comparte una historia y tienen sus propias tradiciones y costumbres dentro de la relación campo-poblado, que revelan y conservan conciencia de identidad que las distinguen de otros grupos étnicos."

Conviene decir que el Decreto Ley 4635 de 2011 representa para las comunidades negras en Colombia, un reconocimiento a las vulneraciones sistemáticas e históricas de sus derechos humanos a causa del conflicto armado interno, pues el presente decreto pretende implementar variables étnicas que permiten a las entidades públicas de los distintos niveles encargadas de la reparación colectiva, tengan como principio la inclusión y visibilización de las víctimas pertenecientes a grupos étnicos en sus planes, programas y proyectos.

A través de la Sentencia T - 955 de 2003, la Corte reconoció que los mandatos contenidos en el convenio 169 de la OIT eran aplicables en materia de protección de los derechos de las comunidades afrodescendientes no obstante su concepción inicial para determinar el sentido de los derechos de los pueblos indígenas y tribales.

Auto 005 de 2009[213]: Protección de los derechos fundamentales de las comunidades afrocolombianas desplazadas o en riesgo de desplaza-

210. Corte Constitucional de Colombia. Sentencia T-680 de 2012. https://www.corteconstitucional.gov.co/relatoria/2012/T-680-12.htm.

211. Corte Constitucional de Colombia. Sentencia T-955 de 2003. https://www.corteconstitucional.gov.co/relatoria/2003/T-955-03.htm.

212. Diario Oficial No. 41.013 de 31 de agosto de 1993. https://www.acnur.org/fileadmin/Documentos/BDL/2006/4404.pdf.

213. Corte Constitucional de Colombia. Auto 005 de 2009. https://www.corteconstitucional.gov.co/relatoria/autos/2009/a005-09.htm

miento. Con este auto se ordena al gobierno nacional dar cumplimiento a las medidas provisionales dictadas por la Corte Interamericana de Derechos Humanos en relación con las Comunidades de Jiguamiandó y Curvaradó. Auto 007 de 2009. Coordinación de la política pública de atención a la población desplazada con las entidades territoriales.

Adicionalmente, la Corte ha sido insistente en ratificar el principio de pluralismo y diversidad étnica y cultural, el cual se manifiesta desde tres escenarios, en primer lugar, la potestad a intervenir en las decisiones que las afecta como comunidad, la representación política de los pueblos en el Congreso de la República; y "la posibilidad de que se configuren, mantengan o modifiquen las formas de gobierno que permita autodeterminar y autogestionar sus dinámicas sociales, entre ellos resolver sus disputas[214]" aspectos que igualmente son tenido en cuenta en los escenarios de reivindicación de los derechos lesionados en razón del conflicto armado. En el caso de las comunidades negras, palenqueras y raizales, el Tribunal de cierre de la jurisdicción constitucional ha reconocido que los principios de diversidad e identidad pretende eliminar las discriminaciones y negaciones históricas que han padecido esos colectivos desde la colonia hasta nuestros días[215].

La Corte igualmente ha reconocido en sus decisiones que la población afrocolombiana es una de las más afectadas por el fenómeno del desplazamiento forzado y debido a ello, resulta imposible asociar la identidad étnica y los derechos que de ella se derivan a que mantengan un vínculo con sus territorios, pues contribuiría a consolidad las falencias institucionales en la protección de su derecho a la propiedad colectiva[216].

214. Corte Constitucional de Colombia. Sentencia C-480 de 2019. https://www.corteconstitucional.gov.co/relatoria/2019/C-480-19.htm.

215. *Ibidem.*

216. Corte Constitucional de Colombia. Sentencia T-576 de 2014. https://www.corteconstitucional.gov.co/relatoria/2014/t-576-14.htm.

# 4. El activismo judicial de la Corte Constitucional colombiana como garante de derechos fundamentales de las víctimas del conflicto armado

La Corte Constitucional colombiana en ejercicio de sus funciones misionales ha asumido la tarea de analizar las normas que en materia de protección de derechos de las víctimas colectivas han sido emitidas, estudiando en detalle las políticas públicas que para tratar su vulneración ha dispuesto el gobierno nacional. Su trabajo frente a las víctimas ha sido destacable al establecer el alcance y naturaleza de sus derechos de cara al bloque de constitucionalidad.

La tarea del máximo tribunal constitucional no ha sido sencilla si en cuenta tenemos que las condiciones particulares del conflicto armado colombiano lo catalogan como inacabado, lo que genera nuevos escenarios de vulneración y exigibilidad de los derechos, surgiendo en consecuencia la necesidad de reformular medidas de protección de los derechos de las víctimas, no obstante, en todo momento sus respuestas han resultado acordes a la realidad estudiada, tal como se analizó en materia de desplazamiento, cuando determinó que el Estado Colombiano ha contribuido al desconocimiento de las garantías fundamentales de este grupo poblacional, esto a través de sus acciones u omisiones en la implementación, diseño y seguimiento[217].

La dinámica ejercida por la Corte Constitucional como juez y máximo órgano de dicha jurisdicción ha conllevado una interacción constante con las instituciones jurídicas encargadas de aplicar las diferentes

217. Corte Constitucional de Colombia. Sentencia T-025 de 2004. https://www.corteconstitucional.gov.co/relatoria/2004/t-025-04.htm.

normas en materia de protección en el escenario del conflicto armado, determinando la premura en la implementación de nuevos mecanismos de intervención para lograr una verdadera transformación social en términos de protección, tal como sucede con las comisiones de seguimiento aludidas. Las decisiones judiciales pueden constituir un mecanismo de control de la guerra ante el establecimiento de parámetros que aseguren la justicia y la garantía de los derechos de las víctimas[218].

En el marco de los procesos de justicia transicional, la Corte ha constituido una guía de explicaciones detalladas de su implementación, las diferentes decisiones que ha emitido muestran un reflejo de la realidad social colombiana de cara a las consecuencias sufridas por la población debido al conflicto armado. El analizar la línea de tiempo de las normas que se han expedido con la finalidad de proteger a las víctimas colectivas del conflicto armado interno, encontramos que las mismas han constituido mandatos generales que en algunos eventos se han mostrado ineficaces para efectos de atender la realidad concreta y satisfacer los derechos de estos grupos, es así como las decisiones de la Corte Constitucional han constituido la herramienta idónea de protección y desarrollo.

La Corte ha reconocido que el objetivo de la justicia transicional lo constituye la creación de las condiciones necesarias para darle efectividad a la justicia y lograr la paz social durante períodos de tránsito, y aunque conlleve la adopción de mecanismos diferentes a los utilizados por el sistema de justicia ordinario, no significa que puedan ubicarse por fuera del marco de la Constitución. Bajo estos parámetros, precisamente ha emprendido el análisis de las diferentes normas transicionales, velando en todo momento por la protección reforzada de los derechos de las víctimas somo sujetos de especial protección constitucional debido a su condición de especial vulnerabilidad[219].

218. *Ibidem*, 11.

219. Corte Constitucional de Colombia. Sentencia C-404 de 2016. https://www.corteconstitucional.gov.co/relatoria/2016/C-404-16.htm.

Esta consideración de sujetos de especial vulnerabilidad la deriva de la continuidad del conflicto armado, de otras formas de violencia endémica que hay en nuestro país tales como el desplazamiento forzado y el desconocimiento sistemático de los derechos humanos o del derecho internacional humanitario[220].

La Corte Constitucional ha ampliado la aplicación de la acción de tutela para grupos y comunidades víctimas de la violencia al señalar que sobre ellos pesa una presunción positiva de vulnerabilidad, de tal manera que la asignación de cargas administrativas injustificadas lesiona ostensiblemente sus derechos.

Para el correcto desarrollo de labor, en algunos eventos de manera oficiosa dentro de su facultad exclusiva de revisión de las acciones constitucionales de tutela, ha seleccionado los casos que considera de mayor relevancia a efectos de salvaguardar los derechos de la ciudadanía, en el caso de los desplazados por la violencia, fueron acumulados 108 expedientes de tutelas, interpuestas por 1150 núcleos familiares de este grupo poblacional[221].

Con la promulgación del grupo de autos emitidos en el año 2009, la Corte ratifica su posición respecto al desplazamiento forzado, al entenderlo como uno de las más grandes flagelos generados en el escenario del conflicto armado interno, ya que a su juicio causa graves efectos en los grupos poblacionales en razón de la edad, el género, la etnia y las capacidades físicas, razón por la cual ha instado al Estado Colombiano a desarrollar programas que brinden una atención preferente a las necesidades particulares de estos sujetos de especial protección constitucional, llegando al punto de impartirle ordenes concretas para ser desarrolladas en plazos perentorios, con el fin de que los diferentes programas que desarrollaba en materia de desplazamiento tuvieran en cuenta sus

220. *Ibidem.*
221. *Ibidem.*

particularidades a efectos de logar la protección efectiva de los derechos colectivos de estas comunidades.

Adicionalmente, la Corte cuenta con la facultad de integrar comisiones de seguimiento a efectos de verificar el cumplimiento de sus decisiones y la salvaguarda efectiva de los derechos de la población. Es así como a través de la Sentencia T 025 de 2004 declaró la existencia de un estado de cosas inconstitucional en materia de desplazamiento forzado interno, al verificar la vulneración masiva y sistemática de sus derechos. Esta facultad se encuentra establecida en el Decreto 2591 de 1991[222], (por el cual se reglamenta la acción de tutela consagrada en el artículo 86 de la Constitución Política) que en su artículo 27 establece: "...el juez establecerá los demás efectos del fallo para el caso concreto y mantendrá la competencia hasta que esté completamente restablecido el derecho o eliminadas las causas de la amenaza."

La declaratoria de estado de cosas inconstitucional dispuesta por la Corte se consolida como un mecanismo de protección de los derechos de las víctimas ante la vulneración flagrante y constante de sus derechos, al asumir espacios que en principio competen a la rama ejecutiva del poder público relacionadas con el diseño de políticas públicas. Su dinámica igualmente resulta novedosa en el entendido de disponer la realización de audiencias públicas para la verificación de la situación señalada de irregular y los autos de seguimiento.

De esta forma, a través del Auto 099 de 2013[223] el Tribunal constitucional dispuso el Seguimiento a las acciones adelantadas por el Gobierno Nacional para la superación del estado de cosas inconstitucional

222. Decreto Ley 2591 de 1991. Diario Oficial No. 40.165 http://www.secretariasenado.gov.co/senado/basedoc/decreto_2591_1991.html.

223. Corte Constitucional de Colombia. Auto 099 de 2013. https://www.corteconstitucional.gov.co/T-025-04/AUTOS%202013/014.%20Auto%20099%20de%2021-05-2013%20seguimiento%20acciones%20del%20Gobierno%20sobre%20ayuda%20humanitaria.pdf.

declarado mediante Sentencia T-025 de 2004 en relación con el componente de ayuda humanitaria y se dictan las medidas necesarias para mejorar la atención de la población desplazada por la violencia. Mediante Auto 173 de 2014[224] realizó seguimiento a las órdenes proferidas en el auto A.006/09 sobre protección de las personas en situación de desplazamiento con discapacidad, en el marco del estado de cosas inconstitucional declarado en la Sentencia T-025/04.

La línea de tiempo en cita constituye un completo desarrollo en materia de protección a los derechos de las víctimas, que ha reiterado la obligación de asegurar en los diferentes procedimientos las vertientes de verdad, justicia y reparación como columna vertebral a partir de la cual se edifican las restantes obligaciones estatales para con este grupo poblacional, destacando entre otros su derecho a participar en los procedimientos judiciales en los que se debaten sus intereses como garantía de legalidad de los procesos , contribuyendo a la construcción de la verdad, justicia, reparación y no repetición , como pilares fundamentales de su protección.

La Corte Constitucional a través de sus decisiones ha garantizado la materialización y efectivización de los derechos de las víctimas del conflicto, pues su análisis conlleva a la revisión de las normas de justicia transicional en materia de verdad, justicia, reparación y no repetición de cara a realidades concretas[225]. Dentro de las normas que ha analizado pueden ser destacadas la Ley 418 de 1997, prorrogada por Ley 548 de 1999, modificada y prorrogada por Ley 782 de 2002 y 1106 de 2006 (atención a víctimas de la violencia, asistencia humanitaria e instrumentos de desmovilización); Ley 975 de 2005, (reincorporación de miembros de

224. Corte Constitucional de Colombia. Auto 173 de 2014. https://www.corteconstitucional.gov.co/relatoria/autos/2014/A173-14.htm.

225. Cepeda Rodríguez, Emerson. "Corte Constitucional y conflicto armado. Control de políticas sociales en el marco del conflicto en Colombia". *Revista Facultad de Derecho y Ciencias Políticas* 42, N.º 117, 2012, 425-453. http://www.scielo.org.co/pdf/rfdcp/v42n117/v42n117a05.pdf.

grupos armados organizados al margen de la ley,) Decreto 1290 de 2008, (plan integral de reparación); Ley 986 de 2005, (instrumentos de protección y acciones afirmativas de las víctimas del secuestro, desaparición forzada y toma de rehenes); Ley 1424 de 2010, (situación jurídica de algunos desmovilizados); Ley 1448 de 2011, (ley de víctimas y restitución de tierras); Ley 1820 de 2017, (disposiciones sobre amnistía, indulto y tratamientos penales especiales y otras disposiciones); Ley 1922 de 2018, (reglas de procedimiento para la Jurisdicción Especial para la Paz); Ley 1957 de 2019, (Estatutaria de la administración de justicia en la Jurisdicción Especial para la Paz).

La Corte Constitucional mediante distintos pronunciamientos ha brindado ciertas pautas para la protección de los derechos fundamentales de los intervinientes, participes voluntarios e involuntarios víctimas del conflicto armado. Para tal efecto, es imperioso hacer un recuento sobre los pronunciamientos del Alto Tribunal donde hacen referencio a los derechos que tienen las victimas dentro de los procesos judiciales, tales referentes jurisprudenciales han sido en su mayoría concordantes con lo expuesto en la Ley 1448 del 2011 y los preceptos de la Justicia Transicional.

# Conclusiones

* El concepto de víctima en Colombia ha sido producto de un proceso histórico en el que la legislación ha tratado de atender a realidades concretas de victimización, habiendo sido el conflicto armado el escenario en el que mayormente se ha procurado su desarrollo.

* El conflicto armado interno constituye uno de los flagelos más grandes de Colombia, la Corte Constitucional lo ha reconocido como uno de los fenómenos sociales que mayor número de víctimas ha dejado en el país, ya que en su dinámica y desarrollo ha obligado a muchos colombianos a abandonar sus tierras, les ha ocasionado lesiones injustificadas en su integridad física y psíquica, además de privarlos de su libertad con la realización de secuestros y reclutamientos ilegales, ha identificado además, una serie de daños que lesionan, tanto de forma individual, como colectiva, a la ciudadanía.

* Respecto de las víctimas colectivas, el gobierno nacional y la jurisprudencia constitucional, ha señalado a las comunidades indígenas, campesinas, afrodescendientes y Rrom como aquellas que en mayor medida han recibido los efectos negativos de la guerra.

* La Corte Constitucional colombiana, como garante de la Constitución ha contribuido, a través de sus decisiones, a un importante desarrollo en materia de protección los derechos de las víctimas colectivas del conflicto armado; llegando incluso a imponer cargas administrativas y presupuestales a diferentes entidades Estatales a fin de lograr una protección efectiva e inmediata a los mismos.

* Para superar los diferentes conflictos, el concepto de justicia transicional ha jugado un papel preponderante, pues se ha mostrado como una alternativa válidamente aceptada al facilitar la transición de un estado de violaciones de derechos, a su guarda y protección, aportando

soluciones jurídicas y políticas no convencionales que atienden a realidades concretas de cara a proteger los derechos de las víctimas.

* La Corte Constitucional ha jugado un papel de suma importancia al analizar si las diferentes normas expedidas en los escenarios de justicia transicional, que necesariamente han tendido con su contenido a velar por el respeto y garantía de los derechos de las víctimas, se ajustan a los postulados constitucionales.

* El órgano de cierre en materia constitucional en Colombia ha centrado su análisis en ligar el concepto de justicia transicional con el respeto de las garantías de las víctimas del conflicto, insistiendo en la necesidad de satisfacerse sus derechos a la verdad, justicia, reparación y garantías de no repetición, señalando además el papel preponderante que deben cumplir los diferentes jueces y magistrados a efectos de garantizarlos.

* Para varios autores el primer momento en que se pudo evidenciar un ejercicio de justicia transicional en el escenario nacional colombiano lo constituyó el proceso de negociación con los denominados grupos de Autodefensas Unidas de Colombia pues contenía un referente político y normativito que satisfacía los compromisos adquiridos por el Estado en materia de protección de derechos y garantías de las víctimas así como una adecuada judicialización de las conductas, sin embargo, a juicio de este autor, los escenarios presentados con anterioridad igualmente constituyen un ejercicio válido de justicia transicional pues generaron procesos que garantizaron la transición de un momento histórico de conflicto a uno de paz, cumpliendo con la regulación normativa que para dichos momentos históricos se encontraban vigentes y le eran exigibles al país.

# Referencias


ACNUR. *Perder nuestra tierra es perdernos nosotros. Los indígenas y el desplazamiento forzado en Colombia.* Bogotá: Naciones Unidas, 2020. https://www.acnur.org/fileadmin/Documentos/RefugiadosAmericas/Colombia/Los_indigenas_y_el_desplazamiento_forzoso_en_Colombia.pdf.

Abuchaibe, Heydi. "La Declaración del Milenio y la justicia transicional en Colombia". *Revista Oasis*, n.° 15 (2010): 301-14. https://revistas.uexternado.edu.co/index.php/oasis/article/view/3174.

Aguilera Torrado, Armando. "Análisis de la ley 387 de 1997: su impacto psicosocial en la población desplazada". *Reflexión Política, 3* n.°5. https://revistas.unab.edu.co/index.php/reflexion/article/view/844.

Arboleda Ramírez, Paulo Bernardo. "La violencia política en Colombia: justicia transicional en el marco del proceso de paz entre el gobierno santos y las FARC-EP". *Revista Prolegómenos Derechos y Valores,* XVI, n. ° 32, (2013): 49-68. https://revistas.unimilitar.edu.co/index.php/dere/article/view/754/506.

Balderrama Bedoya, Francisco Javier y Ortiz Agudelo, Marvin Octavio. "Justicia Transicional: Noción de la Justicia en la transición de Colombia". *Revista Opinión Jurídica,* 16, N. ° 32, (2017): 245-266. http://www.scielo.org.co/pdf/ojum/v16n32/1692-2530-ojum-16-32-00245.pdf.

Bonet Esteva, Margarita. *La víctima del delito* (*La autopuesta en peligro como causa de exclusión de exclusión del tipo de injusto*). Madrid: McGraw Hill, 1999.

Botero Marino, Catalina y Restrepo Saldarriaga, Esteban. "Estándares internacionales y procesos de transición en Colombia". En *Entre el perdón y el paredón. Preguntas y dilemas de la justicia transicional.* Compiladora y editora Angelica Rettberg Beil. Bogotá: Universidad de los Andes, 2005.

Carrillo-Ballesteros. José Guillermo. "Los derechos humanos de las víctimas en el marco de la justicia transicional en Colombia". *dixi 21,* (2015). http://dx.doi.org/10.16925/di.v17i21.976.

Centro Nacional de Memoria Histórica. El derecho a la justicia como garantía de no repetición, volumen 1: Graves violaciones de derechos humanos, luchas sociales y cambios normativos e institucionales 1985-2012. Bogotá: CNMH, 2015.

Centro Nacional de Memoria Histórica. *Una nación desplazada: informe nacional del desplazamiento forzado en Colombia*. Bogotá: CNMH-UARIV, 2015. http://www.centrodememoriahistorica.gov.co/descargas/informes-accesibles/una-nacion-desplazada_accesible.pdf.

CONPES 3712 de 2011. Plan de financiación para la sostenibilidad de la Ley 1448 de 2011. https://www.mininterior.gov.co/sites/default/files/Gactv/Normatividad/conpes_3712_de_2011.pdf.

República de Colombia. Constitución Política de Colombia, Artículo 241. http://www.secretariasenado.gov.co/senado/basedoc/constitucion_politica_1991.html.

Corte Constitucional de Colombia. Sentencia T-380 de 1993. https://www.corteconstitucional.gov.co/relatoria/1993/T-380-93.htm.

Corte Constitucional de Colombia. Sentencia SU-510 de 1998. https://www.corteconstitucional.gov.co/relatoria/1998/su510-98.htm.

Corte Constitucional de Colombia. Sentencia C-371 de 2000. https://www.corteconstitucional.gov.co/relatoria/2000/C-371-00.htm.

Corte Constitucional de Colombia. Sentencia C-191 de 2001. https://www.corteconstitucional.gov.co/relatoria/2001/C-169-01.htm

Corte Constitucional de Colombia. Sentencia C-228 de 2002. https://www.corteconstitucional.gov.co/relatoria/2002/c-228-02.htm

Corte Constitucional de Colombia. Sentencia C-580 de 2002. https://www.corteconstitucional.gov.co/relatoria/2002/C-580-02.htm

Corte Constitucional de Colombia. Sentencia C-578 de 2002. https://www.corteconstitucional.gov.co/relatoria/2002/C-578-02.htm

Corte Constitucional de Colombia. Sentencia C-228 de 2003. https://www.corteconstitucional.gov.co/relatoria/2003/c-228-03.htm

Corte Constitucional de Colombia. Sentencia SU-883 de 2003. https://www.corteconstitucional.gov.co/relatoria/2003/su383-03.htm.

Corte Constitucional de Colombia. Sentencia C-025 de 2004. https://www.corteconstitucional.gov.co/relatoria/2004/t-025-04.htm.

Corte Constitucional de Colombia. Sentencia C-278 de 2007. https://www.corteconstitucional.gov.co/relatoria/2007/c-278-07.htm#:~:text=%E2%80%9CLEY%20387%20DE%201997&text=(julio%2018)-,Por%20la%20

cual%20se%20adoptan%20medidas%20para%20la%20prevenci%C3%B3n%20del,en%20la%20Rep%C3%BAblica%20de%20Colombia.

Corte Constitucional de Colombia. Auto 251 de 2008. https://www.corteconstitucional.gov.co/T-025-04/AUTOS%202008/101.%20Auto%20del%2006-10-2008.%20Auto%20251.%20Protecci%C3%B3n%20ni%C3%B1os,%20ni%C3%B1as%20y%20adolescentes.pdf.

Corte Constitucional de Colombia. Auto 092 de 2008. https://www.corteconstitucional.gov.co/relatoria/autos/2009/a004-09.htm.

Corte Constitucional de Colombia. Autos 004 y 005 de 2009. https://www.corteconstitucional.gov.co/relatoria/autos/2009/a005-09.htm .

Corte Constitucional de Colombia. Auto 006 de 2009. https://www.corteconstitucional.gov.co/relatoria/autos/2009/a006-09.htm.

Corte Constitucional de Colombia. Sentencia T-769 de 2009. https://www.corteconstitucional.gov.co/relatoria/2009/t-769-09.htm.

Corte Constitucional de Colombia. Sentencia T-601 de 2011. https://www.corteconstitucional.gov.co/relatoria/2011/T-601-11.htm.

Corte Constitucional de Colombia. Sentencia C-771 de 2011. https://www.corteconstitucional.gov.co/RELATORIA/2011/C-771-11.htm#:~:text=Encuentra%20la%20Corte%20Constitucional%20que,del%20marco%20de%20la%20justicia.

Corte Constitucional de Colombia. Sentencia C-052 de 2012. https://www.corteconstitucional.gov.co/relatoria/2012/C-052-12.htm#:~:text=Se%20consideran%20v%C3%ADctimas%2C%20para%20los,manifiestas%20a%20las%20normas%20internacionales.

Corte Constitucional de Colombia. Sentencia C-250 de 2012. https://www.alcaldiabogota.gov.co/sisjur/normas/Norma1.jsp?i=47773.

Corte Constitucional de Colombia. Sentencia T-576 de 2014. https://www.corteconstitucional.gov.co/relatoria/2014/t-576-14.htm.

Corte Constitucional de Colombia. Sentencia T-010 de 2015. https://www.corteconstitucional.gov.co/relatoria/2015/t-010-15.htm.

Corte Constitucional de Colombia. Sentencia T-485 de 2015. https://www.corteconstitucional.gov.co/relatoria/2015/T-485-15.htm.

Corte Constitucional de Colombia. Sentencia T-661 de 2015. https://www.corteconstitucional.gov.co/relatoria/2015/t-661-15.htm.

Corte Constitucional de Colombia. Sentencia T-558 de 2015. https://www.corteconstitucional.gov.co/relatoria/2015/t-558-15.htm.

Corte Constitucional de Colombia. Sala de Casación Penal. Sentencia del 24 de octubre de 2016, Radicación No. 46.075. https://corte-suprema-justicia.vlex.com.co/vid/692001857.

Corte Constitucional de Colombia. Sentencia T-601 de 2016. https://www.corteconstitucional.gov.co/relatoria/2016/t-601-16.htm#:~:text=T%2D601%2D16%20Corte%20Constitucional%20de%20Colombia&text=El%20medio%20de%20defensa%20judicial,la%20culminaci%C3%B3n%20de%20procesos%20administrativos.

Corte Constitucional de Colombia. Sentencia C-077 de 2017. https://www.corteconstitucional.gov.co/relatoria/2017/C-077-17.htm.

Corte Constitucional de Colombia. Sentencia C-647 de 2017. https://www.corteconstitucional.gov.co/relatoria/2017/C-674-17.htm#:~:text=Se%20deber%C3%A1%20promover%20la%20participaci%C3%B3n,en%20raz%C3%B3n%20del%20conflicto%20armado.

Corte Constitucional de Colombia. Sentencia C-007 de 2018. https://www.corteconstitucional.gov.co/relatoria/2018/C-007-18.htm.

Corte Constitucional de Colombia. Sentencia C-274 de 2018. https://www.corteconstitucional.gov.co/relatoria/2018/T-274-18.htm.

Corte Constitucional de Colombia. Sentencia T-063 de 2019. https://www.corteconstitucional.gov.co/relatoria/2019/t-063-19.htm.

Corte Constitucional de Colombia. Sentencia C-588 de 2019. https://www.corteconstitucional.gov.co/relatoria/2019/C-588-19.htm#_ftnref63.

Corte Constitucional de Colombia. Sentencia C-480 de 2019. https://www.corteconstitucional.gov.co/relatoria/2019/C-480-19.htm.

Corte Constitucional de Colombia. Sentencia T-204 de 2021. https://www.corteconstitucional.gov.co/noticia.php?Llamado-de-atenci%C3%B3n-a-la-UNP-en-materia-de-protecci%C3%B3n-de-comunidades-ind%C3%ADgenas-y-orden-para-que-se-adopten-medidas-en-favor-de-la-comunidad-Nasa-Pickwe-Tha-Fiw-9161.

Daunis Rodríguez, Alberto. *La responsabilidad Civil derivada del delito*. Madrid: Universidad de Salamanca, 2008.

Declaración de la Naciones Unidas sobre los Derechos de los Pueblos Indígenas y Tribales. *Convenio No. 169 de la OIT*. https://www.ilo.org/wcmsp5/groups/public/---americas/---ro-lima/documents/publication/wcms_345065.pdf.

Decreto 3398 de 1965, Diario Oficial No. 31.842. https://www.funcionpublica.gov.co/eva/gestornormativo/norma_pdf.php?i=66354.

Decreto 250 del 7 de febrero de 2005. https://www.funcionpublica.gov.co/eva/gestornormativo/norma_pdf.php?i=15909.

Decreto 1290 del 22 de abril de 2008. https://www.unidadvictimas.gov.co/sites/default/files/documentosbiblioteca/decreto1290del22deabril2008.pdf.

Decreto Ley 4633 de 2011. Diario Oficial 48278. https://www.alcaldiabogota.gov.co/sisjur/normas/Norma1.jsp?i=44966.

Decreto Ley 4634 de 2011. Diario Oficial No. 48.278. http://www.secretariasenado.gov.co/senado/basedoc/decreto_4634_2011.html.

Decreto Ley 4635 de 2011. Diario Oficial 48278 https://www.alcaldiabogota.gov.co/sisjur/normas/Norma1.jsp?i=44984.

Decreto 4829 de 2011. Diario Oficial 48280 https://www.alcaldiabogota.gov.co/sisjur/normas/Norma1.jsp?i=45065.

Decreto 4800 de 2011. Diario Oficial 48280 https://www.alcaldiabogota.gov.co/sisjur/normas/Norma1.jsp?i=45063.

Decreto 1725 de 2012. https://www.unidadvictimas.gov.co/sites/default/files/documentosbiblioteca/decreto-1725-de-2012.pdf.

Decreto 0790 de 2012. https://www.unidadvictimas.gov.co/sites/default/files/documentosbiblioteca/decreto-0790-de-2012.pdf.

Decreto 2460 de 2015. https://www.funcionpublica.gov.co/eva/gestornormativo/norma_pdf.php?i=67435.

Delgado Baron, Mariana. "Las víctimas del conflicto armado colombiano en la Ley de Víctimas y Restitución de Tierras: apropiación y resignificación de una categoría jurídica". Perfiles latinoamericanos, 23 n. ° 46, (2015): 121-145. http://www.scielo.org.mx/scielo.php?script=sci_arttext&pid=S0188-76532015000200005&lng=es&nrm=iso.

Fattah, Ezzat. "Victimología: pasado, presente y futuro". *Revista Electrónica de Ciencia Penal y Criminología. Revista de Paz y Conflictos*, n.° 6, (2013). https://ns1.justucuman.gov.ar/archivos/entradas/208/1488887229.pdf.

Feria Tinta, Mónica." La víctima ante la Corte Interamericana de Derechos Humanos a 25 años de su funcionamiento". Revista IIDH. https://www.corteidh.or.cr/tablas/R08060-4.pdf.

Fernández-Montesinos, Federico Aznar. *Las generaciones de guerras. guerras de primera generación (i)*. Instituto español de estudios estratégicos, noviembre de 2015. https://www.ieee.es/Galerias/fichero/docs_analisis/2015/DIEEEA54-2015_GeneracionesdeGuerras_xIx_FAFM.pdf.

Ganvita Castiblanco, Cristian. "La importancia de la guerra en los estudios del derecho internacional humanitario". *Revista Nova Et Vetera*. 6, n. ° 58. (2020).

Guevara Corral, Ruben. "Desplazamiento indígena, conflicto interno y expresiones de participación comunitaria en el departamento del cauca (Colombia)". *Revista HAOL*, n.° 3, (2004): 65-72.

González Calleja, Eduardo y Rojo Hernández, Severino. "Las guerras civiles, reflexiones sobre los conflictos fraticidas de la época contemporánea". *Amnis. Revue d´études des sociétes et cultures contemporaines Europe-Amérique*, (2015). https://journals.openedition.org/amnis/2477#bodyftn1.

González Chavarría, Alexander. Justicia transicional y reparación a las víctimas en Colombia. Revista Mexicana de Sociología, 72, n.° 4, (2010): 629-658. http://www.scielo.org.mx/scielo.php?script=sci_arttext&pid=S0188-25032010000400005&lng=es&nrm=iso.

Reátegui, Félix, ed. *JUSTICIA TRANSICIONAL. Manual para américa latina*. Brasilia y Nueva york: ICTJ, 2011. https://idehpucp.pucp.edu.pe/wp-content/uploads/2012/12/Manual-Justicia-Transicional-español-versión-final-al-21-05-12-5-1.pdf.

Díaz Gómez, Catalina, Nelson Camilo Sánchez y Rodrigo Uprimny Yepes, eds. *Reparar en Colombia: Los dilemas en contextos de conflicto, pobreza y exclusión*. Bogotá: Centro Internacional para la Justicia Transicional, 2008. https://www.corteidh.or.cr/tablas/r25595.pdf.

Ley 70 de 1993, Artículo 32. Diario Oficial No. 41.013. http://www.secretariasenado.gov.co/senado/basedoc/ley_0070_1993.html.

Ley 387 de 1997. Diario Oficial No. 43.091. http://www.secretariasenado.gov.co/senado/basedoc/ley_0387_1997.html

Ley 975 de 2005. Diario Oficial No. 45.980. http://www.secretariasenado.gov.co/senado/basedoc/ley_0975_2005.html

Ley 1448 de 2011: "Por la cual se dictan medidas de atención, asistencia y reparación integral a las víctimas del conflicto armado interno y se dictan otras disposiciones". http://www.secretariasenado.gov.co/senado/basedoc/ley_1448_2011.html.

Ley 1592 de 2012. Diario Oficial 48633 https://www.alcaldiabogota.gov.co/sisjur/normas/Norma1.jsp?i=50829.

Ley 1753 de 2015. Diario Oficial No. 49.538. http://www.secretariasenado.gov.co/senado/basedoc/ley_1753_2015.html

Ley 1955 de 2019. Diario Oficial No. 43.091. http://www.secretariasenado.gov.co/senado/basedoc/ley_0387_1997.html

Ley 1957 de 2019. Diario Oficial No. 50.976. http://www.secretariasenado.gov.co/senado/basedoc/ley_1957_2019.html

Consejo Nacional de Política Económica y Social. *Lineamientos, plan de ejecución de metas, presupuesto y mecanismo de seguimiento para el plan nacional de atención y reparación integral a víctimas.* Bogotá: Conpes, 2010. https://colaboracion.dnp.gov.co/CDT/Conpes/Económicos/3726.pdf.

Consejo Nacional de Política Económica y Social. *Lineamientos de política pública para la prevención de riesgos, la protección y garantía de los derechos de las mujeres víctimas del conflicto armado.* Bogotá: Conpes, 2013. https://www.unidadvictimas.gov.co/sites/default/files/documentosbiblioteca/conpesmujeres.pdf.

Matías Camargo, Sergio. "La Justicia Especial para la Paz (JEP), sus avances y sus obs-táculos". *Diálogos de Saberes*, 50, (2019): 27-37. https://revistas.unilibre.edu.co/index.php/dialogos/article/view/5403/5140.

Melamed Visbal, Janiel David. "La justicia transicional: la llave hacia una salida negociada al conflicto armado en Colombia". *Revista de Relaciones Internacionales, Estrategia y Seguridad.* (2016): 185-206. http://dx.doi.org/10.18359/ries.2469.

Melo, Jorge Orlando. "Resumen del Acuerdo de Paz". *Revista de Economía Institucional,* 18 n.° 35, (2016): 319-337.

Ministerio de Justicia. "Justicia Transicional". Colombia Potencia de la Vida. https://www.minjusticia.gov.co/programas/justicia-transicional.

Ministerio del Interior. "Unidad para las Víctimas, Línea de tiempo". Colombia Potencia de la vida. https://gapv.mininterior.gov.co/sites/default/files/linea_de_tiempo_marco_normativo.ppv_.pdf.

Ministerio del Interior. "Cartilla de reparación Colectiva". https://gapv.mininterior.gov.co/sites/default/files/cartilla_guia_reparacion_colectiva_uariv_mininterior.pdf.

Montemayor, Carlos. "La cosmovisión de los pueblos indígenas actuales". *Desacatos,* n.° 5 (2000): 95-106. http://www.scielo.org.mx/scielo.php?script=sci_arttext&pid=S1607-050X2000000300007&lng=es&nrm=iso.

Naciones Unidas, derechos humanos. Oficina del Alto Comisionado. *Justicia transicional y derechos económicos, sociales y culturales.* Ginebra y Nueva York: Naciones Unidas, 2014. https://www.ohchr.org/sites/default/files/Documents/Publications/HR-PUB-13-05_sp.pdf.

Naqvi, Yasmin. "El derecho a la verdad en el derecho internacional: ¿realidad o ficción?" *International Review of the Red Cross,* n.º 862 (2006): 1-33. https://www.icrc.org/es/doc/assets/files/other/irrc_862_naqvi.pdf.

Narvaez Jaimes, Ginneth Esmeralda. "El populismo armado del movimiento 19 de abril (M-19)". *Revista CRITERIOS-Cuadernos de Ciencias Jurídicas y Política Internacional,* 5, n.° 2 (2012): 117-144.

Asamblea General de las Naciones Unidas. *La situación de los pueblos indígenas en Colombia: Seguimento a las recomendaciones hechas por el relator especial anterior.* Naciones Unidas, 2010. https://www.acnur.org/fileadmin/Documentos/BDL/2010/7377.pdf?view=1.

Naciones Unidas. "Una nueva era de conflictos y violencia". Naciones Unidas. https://www.un.org/es/un75/new-era-conflict-and-violence.

Padilla Berrío, María Jimena. "Los embates por la paz: historia de los diálogos de paz durante el gobierno de Belisario Betancur con los grupos guerrilleros, Colombia". *Revista Forum,* (2017). https://revistas.unal.edu.co/index.php/forum/article/view/69059.

Palomo, Diego, Bustamante, Mónica, Toro, Luis, Marín, Jorge. "Estudio de la prueba en la Jurisdicción Especial para la Paz (JEP) desde el debido proceso probatorio". *Política Criminal,* 15, n.° 30, (2020): 907-946. https://scielo.conicyt.cl/scielo.php?pid=S0718-33992020000200907&script=sci_arttext&tlng=en#fn16.

Pardo, Rafel. *De primera mano.* Bogotá: Grupo Editorial Norma, 1996.

Melamed V, Janiel David. "La justicia transicional: La llave hacia una salida negociada al conflicto armado en Colombia". *Revista De Relaciones Internacionales, Estrategia Y Seguridad* 12, n.º 1 (2017): 1909-3063. https://www.redalyc.org/pdf/927/92749666008.pdf.

Ríos, Jerónimo. "El Acuerdo de paz entre el Gobierno colombiano y las FARC: o cuando una paz imperfecta es mejor que una guerra perfecta. Araucaria". *Revista Iberoamericana de Filosofía, Política y Humanidades*, 19, n.° 38, (2017): 593-618. https://www.redalyc.org/jatsRepo/282/28253016027/html/index.html.

Rúa Delgado, Carlos Felipe. "Los momentos de la justicia transicional en Colombia". *Revista de Derecho*, n.° 43, (2015): 78.

Unidad para la atención y reparación integral a las víctimas. "¿Qué es la reparación colectiva?" GOV.CO, 5 de agosto de 2015. https://www.unidadvictimas.gov.co/es/reparacion-colectiva/.

Unidad para la atención y reparación integral a las víctimas. *Guía práctica de reparación colectiva*. Bogotá: Ministerio del Interior, 2015. https://issuu.com/grupodearticulacioninternasparalapo/docs/9_cartilla_reparacion_colectiva_uar?utm_medium=referral&utm_source=www.mininterior.gov.co.

Unidad para la atención y reparación integral a las víctimas. *Guía para la orientación adecuada a las víctimas pertenecientes a grupos étnicos*. Bogotá: Ministerio del Interior. https://gapv.mininterior.gov.co/sites/default/files/guia_decretos_ley_etnicos.pdf.

Uprimny Rodrigo y Saffon, María Paula. Usos y Abusos de la Justicia Transicional en Colombia. *Anuario de derechos humanos,* (2008): 165-195.

Uprimny Rodrigo y Saffon, María Paula. "Justicia Transicional y Justicia Restaurativa: Tensiones y complementariedades". En *Entre el perdón y el paredón. Preguntas y dilemas de la justicia transicional.* Compiladora y editora Angelica Rettberg Beil. Bogotá: Universidad de los Andes, 2005.

Salazar Medina, William Javier y Medina, Ricardo Hernán. "La justicia restaurativa en Colombia. Del retribucionismo del siglo XIX a la Jurisdicción Especial para la Paz". *Revista Metodhos*, (2018).

Salcedo López, Diana Maria. "Género, derechos de las víctimas y justicia transicional: Retos en Colombia". *Revista de Paz y Conflictos*, n.° 6, (2013): 124-151. https://www.redalyc.org/pdf/2050/205027536006.pdf.

Sersale Di Cerisano, Federico. "Justicia transicional en las Américas. El impacto del Sistema Interamericano". *Revista IIDH*, 57, (2013). https://www.corteidh.or.cr/tablas/r32271.pdf.